我的青春我的梦
全国中学生校园美文精品集萃丛书

桃花红，春开春落、一任东风

天使坠落的城市

《中学生博览》杂志社 选编

时代文艺出版社

图书在版编目（CIP）数据

天使坠落的城市 /《中学生博览》杂志社选编. —长春：时代文艺出版社，
2018.8（2023.6重印）

（"我的青春我的梦"全国中学生校园美文精品集萃丛书）

ISBN 978-7-5387-5659-3

Ⅰ.①天… Ⅱ.①中… Ⅲ.①作文－中学－选集 Ⅳ.①H194.5

中国版本图书馆CIP数据核字（2017）第331479号

出 品 人　陈　琛
产品总监　郭力家
责任编辑　王金弋
装帧设计　李　斌
排版制作　隋淑凤

天使坠落的城市

《中学生博览》杂志社　选编

出版发行 / 时代文艺出版社

地址 / 长春市福祉大路5788号　龙腾国际大厦A座15层　邮编 / 130118

总编办 / 0431-81629751　发行部 / 0431-81629758

官方微博 / weibo.com / tlapress

印刷 / 北京一鑫印务有限责任公司

开本 / 700mm×980mm　1 / 16　字数 / 153千字　印张 / 11

版次 / 2018年8月第1版　印次 / 2023年6月第5次印刷　定价 / 34.80元

图书如有印装错误　请寄回印厂调换

编 委 会

目 录

天使坠落的城市

　　这一行的遗憾是我们没有足够的时间，竟然只得放弃了威尼斯最著名的圣马可广场，但那儿总会给我留下一份期盼和憧憬。或许我下一次有机会再乘船来到这座城，会对它更加地珍惜和敬仰。从威尼斯回来，我又拿起这本《天使坠落的城市》，感受到真实的威尼斯的呼吸，它不再像面具下面的脸那么神秘未知，也不像圣马可飞狮一样神圣遥远，它告诉世人在不安分的潮汐面前，威尼斯人依然绚烂的生活，他们所留下的文化瑰宝正是对这一份自然馈礼最好的回报。

广州是座一言难尽的城

爱笛声

1

窗外是渐渐暗掉的天，锅里煲着充满暖意的玉米排骨汤，我一个人坐在窗前，看着眼前的车水马龙，想起了以前的很多事。

来，今天让我讲讲广州，有人间烟火的广州。

2

我读大学之前没有去过广州，尽管我就生活在广东，但广州于我而言，还是遥远的一座城。我记得高中时，只要一说起填志愿，所有人都说：我要报广州，我不会留在Z城的。

青春没有我们想得那么长，我和身边的很多人一样，通过高考，顺利地抵达了想到达的地方。广州比我想象中的还要美丽，有妖娆的"小蛮腰"，有迷人的珠江，还有叫不上名却让人欲罢不能的各种小吃……这座城，有着一言难尽的魅力。

毕业后，我理所当然地留在了这座城市。他们说得没错，北上广

002

都是充满魔法的城市，有人一朝成功，有人一夜爆红，也有人一瞬凋落。生活在这里，你有时会感觉自己无所不能，感觉自己下一秒就能成为马云，成为李彦宏……但有时也会感觉自己很渺小，你会发现，原来你和身边那些人一样，起早贪黑，辛苦赚来的钱交完房租之后仅仅能够和朋友出去打个牙祭。渺小得不值得被看见。

十一月我大学毕业，十二月我找到了第一份工作，在广州繁华的市中心。比身边的同学更早更幸运地找到工作，我为此扬扬自得。站在公司三十六楼的窗前，我对自己说，要努力，把握机遇。

但现实的困难很快将我吞噬。面试那天，副总问我，你能不能吃苦？我信誓旦旦地说：我能。我必须承认，我高估了自己。

我一个人匆忙地找了房子，在广州的一个城中村，阴暗潮湿，不管白天晚上，都得开着两盏灯。衣服永远晾不干，住在四周的，有开淘宝店的年轻人，有卖包子的年轻夫妇，也有每天很晚才背着大包回来的农民工。房子很冷，我买了很多啤酒放在空荡荡的地板上，一个人打牌，一个人喝酒，但我又不能睡得太晚，因为第二天六点多就要起床，我得去挤公交。

我六点下班，走在回出租屋的那条路上，我化着淡淡的职业妆，踩着高跟鞋，外表看起来似乎挺光鲜，但我抑制不住心里的伤感，握着手机的手还在抖，我跟电话那头妈妈说，我不想做了。

两天之后，我辞职了。我知道我以后可能会后悔我怎么没能好好坚持，但是我的离开，并不都是因为困难，那时候的我焦虑不安，缺乏与人的沟通，我只有一个简单的想法，就是回趟家，吃吃家里的饭菜，还有，找个人说说话。

我一直失业到现在。

天气好的时候，我会一个人坐两元钱的公交车，随便到哪里，然后坐下来，看看书，或者写写稿子。

朋友都很关心我，问我没有工作要是饿死了怎么办？我开玩笑说，总会过去的。广州没这么冷漠，不会看到有人饿死都不帮一下。

我喜欢广州的包容。在这里，你能见到西装革履的职业人，能见到挥金如土的富人，但你也能见到，为生活艰难挣扎却每天笑容满面的底层人民。你能在五星级大酒店里大快朵颐，也能在路边小摊买到两元一串的羊肉串。这个城市，它懂得包容，所以才会如此年轻有朝气。

4

周末的时候，我会到一个培训中心里当补课老师。其实这种工作时间并不规律，别人都在上班我在休息，整座城都在短暂休息的时候我却像上紧发条的机器，高速运转着。

有时我是下午三点的课，一直上到晚上九点。有时我会觉得自己很辛苦，连续七八个小时，一直都在站着，但有时又会觉得很充实，紧张的课程让自己没时间去烦恼，繁重的工作治愈了我很多的矫情与脆弱。

看着孩子们，我总是能回想到几年前我坐在高中教室里的模样。那时的我和他们一样，戴着厚厚的眼镜，眼眸清澈，看着黑板就像注视着未来。每张年轻的面孔上都有着十七八岁才特有的朝气与倔强。

我想起很多年前，报纸上大大的标题：90后是被毁掉的一代。那时候很多人说，90后是被宠大的，骄纵任性，注定无所作为。可是他们错了，时间给出了最好的答案，尽管我们有的人行事夸张，恣意张扬，但看到我们的眼神，你就会明白，那些定论是错的。

我时常很早来到教室，泡一杯浓茶，打开电脑播一首歌，然后静静等待学生的到来。生活真是一出难以预料结局的戏，很多年前，我曾说过我的梦想是当一名教师，多年以后，竟然以这种方式实现了。

　　一个人，走走停停。

　　有人说，在广州生活，就像是在冰上舞蹈，一旦停下来，就会被冻死。

　　但我觉得，在这么一座城里，万家灯火明，只要想到自己身处其中，便有一种无言的温暖，即使微小。

　　广州是座一言难尽的城。

　　女孩儿们，如果你和我一样，生活在这座城里，让我们，像蚂蚁一样工作，像蝴蝶一样生活吧。

天使坠落的城市

记忆中，它温柔的日光倾城

李秦川

我出生在北方一个安逸幽静的"八线小城"，之所以说它是"八线小城"，是因为我一直搞不懂县城在一二三线城市里有没有排名，只能浮夸地把它拉到最末端。

小时候的我被父母庇护得很好，即便在这般小的地儿，他们也不允许我胡乱跑，我玩耍的空间仅限于我家楼下的那颗老杉树下。几度春夏，都只有那棵老杉树陪着我一个人抠泥巴，捉雄蝉，采野花。最满足的，就是夏日里我穿着爸爸穿旧泛黄的白色大背心靠在老杉树下舔冰棒。它帮我挡住所有日光斑驳。

每每晌午过后，楼前的一排老杉树下会陆续有妇女们搬着板凳拿着毛线球下来纳凉织毛衣，慈眉善目的温柔。那种暖暖的安详，使我看到就会充满满足感。莫名安心自在。

只是岁月缓慢流淌，静悄悄带走所有温柔。

父母离异的消息传遍街道，我心里安逸的小城堡突如其来地坍塌。那时候我还在念小学，不懂父母分开生活会给我带来怎样的影响。我曾搞不懂那些哥哥姐姐们为什么到了一定的年纪再也不在老杉树下抠泥巴，总觉得是他们功课太多再无闲暇。可我不再去老杉树下的原因，却是那些往日里我觉得慈眉善目在老树下纳凉的妇女们，她们用着我能听到的分贝在"闲话"着我家的故事。听到最多的便是："瞧，就是她，爹妈离婚了，也没人管，跟个野孩子似的……"看我转过头，她们才拉低了声音继续着议论。

那一刻，她们的面容在我眼里十分狰狞，显出全部丑态。而年幼的我，毫无应对之力，只能装作若无其事悄悄躲开上楼回家。

我不懂为什么别人的故事可以让这些人孜孜不倦唠起来不亦乐乎。把原本细微的伤口毫不怜悯地用匕首补上一刀又一刀。我也不愿去懂得她们，我只想逃跑。

自此以后我变得十分内向，这个小城的一切都得不到我丝毫的友善，我开始讨厌他们说话时带着的方言调子。更觉得他们每个人的嘴脸都又臭又烂。纵使春季会有缤纷的鲜花争相开放，纵然夏季会有瓜果散漫清甜，秋天会被满地黄杉叶铺成暖橘色，冬天的大雪把整个城覆盖成银光圣洁。但我再也提不起兴致感受它们。我只想快快长大，离开这里。

我的母亲是一个十分好强的女人，离婚后她一个人独自抚养我。可离异后的女人独自抚养女儿，在那个落后的城市好像很容易被人诟病。我总能听见别人似戏谑般地说："你妈哪有能力养活你？这年头不都应该靠男人。她还敢离婚该不会是早就找好人了吧？"

除去内向之外，我的暴躁也因此滋长。那天，我把一个比我年长两岁的男生打到躺在地上爬不起来。他整张脸被我的指甲挠出血痕，头也被我情急下用不知从哪里拾来的砖头砸得鲜血直流。

医院里，本就清贫的妈妈又因我花了她为数不多的储蓄，还不断低着头被对方家长劈头盖脸地教训。对方用尽难听的陕西方言对母亲谩骂，而母亲不敢搭腔。我看着那样的场景，怒气再一次疯涨，嘶喊着我并不会的骂人话："一家没家教的野狗！"

"啪。"我的左脸被妈妈狠狠扇了一巴掌。她恶狠狠地说："你给我闭嘴。"那时候我根本不明白她打我的理由，满口的委屈与气恼硬生生听话吞下。

天使坠落的城市

回家后妈妈愤怒地问："你为什么打架，你怎么能动手跟男孩子打架！"我盯着妈妈说不出由来，她问不出结果气得拿起手旁的书对着我就抽过来。我委屈地大声喊："我就是想打他，我恨不得打死他。我怎么不直接打死他！"妈妈愣了一下随后打得我更狠了，"我怎么生了你这样的孩子，拖油瓶还不够还这样气我，早知道生下来我就把你掐死！"

我听着妈妈一句句让我心碎绝望的话，脑海里运转着，让我快点儿长大吧，让我快点儿离开这鬼地方再也别回来了！

老杉树因为要建楼而被砍伐的那年，我升入高中，我站在一排排伐掉老树的空地上怔了很久。心里默默同它们讲："你就这样走了，我又什么时候才能离开？你会想念这里吗？"

我终于结束高考，离开了这个落后小城去了省城念大学。始终还是逃不过那让我不喜的方言，但在新的环境下，终于没有陌生人的聒噪，没有人会把多余的时间用来闲唠你的家常。大家都忙碌着自己的故事。

逃开那个让我反感的家乡，我如释重负般觉得呼吸都比在那里自在。大学里，我交到了新的朋友，一个南方姑娘。她总给我讲述她家乡的一切，历史文化建筑，她的言语里充满了留恋与不舍，让我不自觉神往。如果我出生在那么诗情画意的地方，多好。

我一心努力学习，毕业前去了那个我向往的南方城市实习。那里风景如画让我倍感欣喜，可南北的饮食差异让我的北方体质遭受了太多不幸，身体上的过敏与湿气几个月下来竟严重到住院都没办法控制。妈妈亲自把我接回家，她说："你为什么要一个人到那么远的地方去呢？那里和我们北方气候根本不同，你从小就适应了北方环境，为什么要跑到别处去遭罪呢？"

我含着泪不甘又无奈地被妈妈接回去。或许是生病的原因，空闲时间大把，我才注意到家乡的变化，绿化也十分规整。儿时住的小二层几乎全拆掉改建成了一座座高楼。

可是这又能如何？就算建造得再与时俱进，这里的人依旧在我心里是吃过午饭后用那张散发着烂菜渣气息的嘴巴嚼别人家的舌根。单凭这一点就足以让我作呕。

妈妈说："病好了别急着找工作，休息一阵子吧。在这里好好待待，大学四年你都没怎么回来。"我嘴上敷衍地说着："噢。"心里却一点儿都不情愿。

隔天的天气十分好，让我心情随之好了起来。我下楼去买午饭竟发现小时候那家凉皮店的老板依然没有换，妈妈从前都是在这家吃凉皮。这使得我不自觉就走了进去。老板热情地用着方言跟我说："丫头呀，你妈可算把你盼回来啦。要我说你就别走了，待在这里多好。来，阿姨给你调凉皮尝尝。"

说罢她就赶忙去给我调了一碗特色擀面皮。

我被辣椒油的香气惹得大有食欲。一口气吃了满满一盘，老板看着我吃得津津有味笑得合不拢嘴，临走前又让我带走一碗。我给她钱她死活不收，"你能回来多待待就好啦，你不在你妈妈天天就来我店里吃一碗凉皮，嘴上说得最多的就是你这没良心的小孩儿，一走就走得没影了。其实啊，她就是太想你。"

我被她的话弄得十分尴尬，但这些话语让我的心被莫名感动。同样的陕西话，这次听却觉得那么暖心。竟一点儿都不觉得这方言有多么难听。

身体好了大半时，我去了马嵬坡闲逛，还记得小时候那里只有一个小小的土坡，杨贵妃的墓可怜巴巴在那儿，显得孤落而凋零。现如今却已被修建得有股旧长安气息。我仿佛看到六百三十年前唐朝的街市，听着一家家地道的方言吆喝显得别有滋味，那时候的唐朝，也说着这般地道的陕西话吗？想到这里我的嘴角不自觉上扬了。

家乡的日光依旧如往年那般晒得人暖洋洋，它不像南方带着湿答答的绵绸，它是刚烈而温柔的，它不会让我身体遭殃，而我不得不承认这种倾城日光，是我一直所享受的。我难得食欲大好，从油泼面到臊子面、羊肉泡馍、浆水鱼鱼统统点了一遍。虽然吃不下，可不知道为什么，就想点一遍这些当地特色的小吃。还不忘要了两份特色酸梅汤。在我狼吞虎咽之际，竟在这意外相遇年幼时的同窗："顾盼？真的是你，你现在怎么那么能吃？"

被他这么瞧见实在有些不好意思，连忙说道："正好买了两份酸梅汤，快来帮我消灭吧。"虽然多年未见可他丝毫不顾忌地坐了下来。大概，这也是北方人与生俱来的亲切与豪爽。一番闲扯后他突然说："你比以前，开朗好多。以前的你，似乎很讨厌这里，虽然不知道什么原因，但是在这里看到你，我很开心。"

后来，我们还相约去了很多当地的景点，他甚至带我到了一片我从未发现过的杉树林抓蝉。他说："顾盼，你还想离开吗？"我仰望天空看杉树挡住的斑驳剪影，笑着说："其实这里挺好的。"他又问："那你觉得我好吗？"我看着他狡黠地笑。挡不住心里那片花海不自觉开放。

我想，我终于释怀了，也总算改掉了我对这座城所有不好的偏执。我想，我无法不承认，我爱这里，从最初到如今。爱这里的山川河流，晨曦朝阳。爱这里的文化习俗，小吃特产。这座城坐落于陕西，有着十三朝的文明历史。它有一个好听的名称，我们叫它兴平。

海岸线上灯塔瞭望

鹿　珥

我曾做过一个关于大海的梦。

海水蔚蓝，日光烂漫，我就在海上追逐，像一条鱼，自由徜徉。

或许，我曾幻想过自己是一条美人鱼，所以才对大海有着不可名状的执念。

所以当姐姐提议去海南时，我毫不犹豫地点头同意。

三月，湖北的太阳还不够暖，四处都弥漫着早春微微的寒。

姐姐婚期将近，计划去三亚拍婚纱照，我成了那个硕大的电灯泡。姐姐怕我没人陪，又特意喊了三两个朋友一起，我们一群人浩浩荡荡地出发了。

下飞机的那一刻，扑面而来的潮热让人极度不适应，连风里都带着淡淡的咸味。明明已经穿上了夏装，浑身还是不舒服的黏腻，不同于盛夏里的大汗淋漓，那感觉像是被裹在一个透明的气泡里，闷得很。

原来三亚并没有我想象中的那样好。第一天，这是我对三亚的第一个印象。

姐姐来过三亚很多次，她常挂在嘴边说的一句话就是，三亚很小，就像一个巨大的圆，随便从哪里出发，都能走到你想到达的终点。

三亚很小。第二天，这是我对三亚的第二个印象。

我曾问她，你来过那么多次，为什么还是想来呢？

我记得当时姐姐的回答是：因为大海让我看到了一个更加广阔的世界。

我知道，姐姐喜欢大海，是因为，她想要跳出她的那个圈。

小时候，父母工作忙，我跟姐姐都是随着爷爷奶奶长大的。对童年最深的印象，就是一栋两层复式小楼，小巧的花园，以及门口郁郁葱葱的葡萄架。

父母带着我住楼上，爷爷奶奶带着姐姐住楼下。

那个时候，我们的感情并不好，甚至，我是讨厌着姐姐的，因为她总是那样霸道，冷漠，对我没用丝毫的温柔可言。

我们之间隔了三岁，人们常说三岁一代沟，那个时候，我总以为我们的关系这样恶劣，是因为我们之间隔了无法跨越的鸿沟。

我们是怎样好起来的呢？

有段时间街上时兴种花，整条街上花养得最好的，就是隔壁家，我家虽然也养花，但远不及隔壁家花园里那些精致。不同的时节，不同的花，隔壁家的花园里总是姹紫嫣红，窗台阳台上也都摆满了造型奇特的植物，后来我才知道，那叫盆景。每到花开的季节，几乎一整条街的小孩子都会围在楼下仰头张望。

大家都对那些花充满了好奇，想要据为己有，我跟姐姐也不例外。忘了是在谁的撺掇下，我跟姐姐终于鼓足勇气，借着自家的阳台，翻墙爬到了隔壁家的花园里。我们将那些娇艳欲滴的花摘下来，插在鬓边，放在口袋里。我们比赛谁摘得更多，摘得更美，满园的花就这样糟蹋在我们手中。

被爷爷拖到客厅里跪在地板上时，先前那些兴奋全都被恐惧取代。姐姐跪在我旁边，咬着唇，一言不发，我看了看姐姐，又看了看怒气冲天的爷爷，绞着手指不知所措。

爷爷指着满地的花，斥问是谁做的。

姐姐倔强地抬头，"是我做的，她只是帮着看门。"爷爷的钢尺就这样挥下来，轻薄软的钢尺很快就将姐姐的背上抽出一道道红痕。

我跪在旁边泪流满面，不敢动，也不敢说话。我头一次觉得，有个姐姐真是一件幸福的事。

后来，这样被姐姐护在身后的事情发生过很多。

我渐渐明白，姐姐只是不善于表达，习惯将一切放在心里，可是在她眼中，我是她的妹妹，独一无二的妹妹。哪怕是她要挨打、挨骂，她都绝不会让我受半分委屈。

在三亚的这几天，姐姐常常在玩完回酒店后坐在飘窗台上发呆，她看着的，是远处大海上的一座灯塔。距离太远，只看得见一团模糊的光圈，在夜色中固执地亮着。姐姐指着灯塔，说，你知道吗？夜里如果海上有船迷路，灯塔就是他们的方向。

我抓住姐姐手，轻轻地抱住了她。

她又说，我和他就是在三亚相遇的，所以，我喜欢三亚。

我知道，姐姐说的那个他，是我的姐夫。

起点之后，就是终点。第三天，我开始喜欢上三亚。

我们五个人开着租来的车，靠导航，在三亚的大街小巷里穿行。我们把车停在海边，脱了鞋踩在洁白的沙滩上。我们沿着三亚湾的椰林一直走，沿途看到的都是衣着华美的新娘。每一个新娘脸上，都挂着幸福的笑容。我看着她们，就像是看到了我的姐姐，然而她们都没有我姐姐长得美。

姐姐带我们去吃海鲜，我们坐在三亚最有名的琼菜馆里吃着五花八门的海鲜，有三尺来长的大龙虾，有几个巴掌都抓不住的大螃蟹，有色泽鲜亮的贝壳，有各种叫不出名字的鱼。文昌鸡，东山羊，椰子饭……身为湖北人，说实话，根本吃不惯三亚的菜，清淡无味，除了海鲜足够鲜香。

我吐着舌头，对姐姐说，我想去三亚的凤凰花海。

姐姐笑笑，点了头。

那天到花海的时候，已经错过了开放时间。

三亚的花海在海棠湾，有些偏僻，却占地极广，种了很多花。虽然对外开放，但因为太过偏僻，平时去的人并不多。眼看着天色渐渐暗了下来，我们又不甘心就这样返回，四下瞅了瞅并没有防护栏的花田。我跟姐姐相视一笑，纷纷做了决定。

小时候翻墙的功夫并没有生疏，我们找了处绝佳的角落，轻松地就绕进了花海中。借着微光，我们极目远望，想要找到传说中的薰衣草花田，没有大片紫色，倒是看到了些其他的花，色彩艳丽的波斯菊，金光灿灿的向日葵，以及还没到花期的海芋和千日紫……

我们一边走，一边放声大笑。朋友看着我们说，你们怎么像小孩子一样。

我不置可否，我们已经许久不曾这样开怀大笑了，自从父母感情破裂后，我和姐姐都像是被套上了枷锁，不得解脱，不可放纵。跟着爷爷奶奶的日子，也格外的小心翼翼，顾虑良多。

夜里月亮隐在云后，星光铺洒而下，花海里纤弱的花枝随风摇曳，我拉着姐姐的手，踏着星光，漫步在花香里，从没有一刻像现在这样无忧无虑。我们开始狂奔，笑声散在风里，自由自在，像是一个不可多得的梦境。

我知道，再难有下一次。

姐姐要嫁人了，嫁到很远的地方，我忍不住伸手抱住姐姐，大哭起来。

花海里的梦境让我想起小时候。第五天，我对三亚开始生出不舍。

姐姐拍完婚纱照，马上我们就要返程了。

最后一天，我们去的地方，是海底。

三亚有很多个海岛，坐船上岛，就可以体验深海潜水。我迫不及待地套上橡胶制成的潜水服，跟着教练往海里走去。

这是我第一次真实地跟大海亲密接触，我好像又回到了小时候的那个梦里，化身为一条美人鱼，在海底自由徜徉，看着色彩斑斓的鱼儿绕着我起舞，水母鼓动着触角，闪着惑人的光彩，红色的珊瑚聚满了寄生的浮游生物。

教练递给我一个大海螺，示意我放在耳边，咔嚓一阵白光闪过。

我知道，我的心将随着这张海底的照片，永远属于大海。

天使坠落的城市

Miss鹿游

016

威尼斯，或许是这世界上最特别的城市之一。曾经一位名叫约翰·伯兰特的作者以这里为背景写出《天使坠落的城市》这本书，真真假假的故事源头正是威尼斯的凤凰歌剧院。三百年来，它三次被大火烧毁，又三次浴火重生，见证着威尼斯的兴衰历史。作者非常巧妙地借用威尼斯人的口，仿佛带着你在威尼斯的每条街道走了一遍，讲述着这座城市的历史荣光、文化遗产。这里的人们如同城中曲折的水路一样神秘，以他们独特的文化和风格吸引着世人。建立在水上似乎漂浮不定的城市，却仿佛被巨大的天使光环保护。

威尼斯的水路让人迷离，陆上的路更是曲曲折折。夏日傍晚的威尼斯依然热气弥漫，带着一丝丝水分蒸发的粘腻。我们按着房东给的地址一路摸索着在无人的小路前进，几乎只能抬头望望天上的星星和月亮来指引方向了，时不时走到没有道路的河边，时不时又拐进了死胡同。即便绕了许多个弯都没有方向感，而我们依然兴奋地望着周围星星点点的灯光照亮这些厚重的砖瓦，期待着前面的那家亮灯的窗户，或许就是我们的住处。

沿途问了几位当地的老爷爷，才终于在绕了无数圈之后找到了我们的小屋。放下沉重的行李，我们也不甘错过这神秘的夜色，一行几个人走到了安康圣母教堂的门口，二话不说，就在这简陋的木板搭起的码头上席地而坐。旁边的那座木码头上，一对背包客情侣大概就把这儿当成了今晚的落脚点了，女孩儿身子蜷缩在睡袋里，脑袋枕在了男孩儿的肚子上。他们只是安静地聊聊天，伴着水波荡漾的声音，大概很容易进入梦乡。

第二天的清晨，我们端着果酱、麦片、面包、牛奶，坐在阳台上享受这天的早餐。那边石柱上刚刚还停着一只海鸥，扑扇着湿漉漉的翅膀，转眼飞到晨雾里不见了。楼下的咖啡店正慢慢开启卷帘门，迎接着自己的第一批客人。街道上星星点点的几个人，相互道着早安。在这一片静谧中，我们迎来第一个威尼斯的早晨。

除了威尼斯主岛，威尼斯潟湖附近还分散着百余座岛屿，由纵横交错的水道分割，这样的水巷为威尼斯赋予了温柔的一面。潜移默化中造就了威尼斯人们在绘画、音乐、雕塑等等各个文化领域的独特风格，在世界文化史上都产生了极其重要的影响，而这些岛屿其中的两座正是威尼斯人艺术成就最好的见证——玻璃岛和彩色岛。

我们踏上公共汽车一样的汽船，终于从陆路迈向了威尼斯的水路。这时才渐渐看得到传说中贡多拉的影子。船夫那么绅士优雅，穿一袭黑白条纹的T恤搭配着一顶轻松的草帽。像两头高高翘起又卷曲成精美花纹的船尖一样，他们都有着属于自己的那份高傲的姿态，成了这水路上最美的一道风景。如今他们多半已经成了游客要出大价钱才享受得到的奢侈，更多传统的交通工具早已经被烧油的汽船代替，但贡多拉永远是属于威尼斯的古老文化遗产，仿佛还让人看得到古时贵族在金碧辉煌的贡多拉上小憩，听船夫在水面哼着悠扬的歌。

太阳出来，见到的人群也越来越多，一扫夜晚的安静祥和，这里突然变成船声嘈杂的热闹旅游景点。渐渐驶离威尼斯主岛，我们就这么轻易迷失在了晨雾中，四周都是碧蓝的水、浓厚的雾和呼啸的风，看不到前方，也不知道目的地玻璃岛距离我们有多远。逐渐接近目的地，那河岸边的城堡就像海市蜃楼般划过雾气露出了脸，阳光也在缓慢升温，就这么带走了威尼斯清晨的浓雾。

这座面积不大的玻璃岛，它以威尼斯的彩色手工玻璃制品而闻名，12世纪随着贸易发展，威尼斯一度成为世界玻璃制造业的中心，并在接下来的几百年里向欧洲甚至世界各地输送精美的枝形吊灯等玻璃制品。小岛的道路两边各色玻璃制品琳琅满目，高端的玻璃制品花瓶、手工制成的玻璃指环、供游人参观的玻璃加工厂，或是路边随处可见的玻璃雕塑，把这个小岛装饰得晶莹剔透，色彩梦幻又迷离。一片片脆弱轻薄的玻璃制品看似简单，却不曾了解玻璃匠人制作炫丽玻璃的背后需要多少道复杂的工艺，加入各式矿物元素、掐丝手艺，才发明出如此多样又精致的玻璃，釉瓷、金星、千花、马赛克、乳浊玻璃，甚至仿制宝石。一想到他们都是近七百年前便流传下来的古老技艺，敬意便油然而生。

再次踏上小船前往更远的彩色岛的时候，正是下午两点钟太阳最毒辣的时候。然而一登上小岛，就被满眼跳动的颜色吸引了去，心情瞬间像被彩虹照耀一样，像小孩子来到了童话世界，也忘记了要躲避阳光的灼热。上帝打翻的调色盘，应该就是掉落在这里了。传说威尼斯岛上的人们曾多以捕鱼为生，而每天清晨必将经历的大雾让渔民难以看清前路。于是政府下令让每家每户都将房子涂抹上绚丽的彩色，即使在浓雾中，渔民也能够辨认家的方向。这项传统就这么一直保持了下来，岛上的每座房子都按照精密的色彩分布设计延续着自己的颜色，如果想要擅自改变它，甚至还需要提交政府审议。

这座小岛上，蕾丝也很是出名，女人们会用上自己一生的时间在岛上编制花式繁复又精美的蕾丝制品。这满眼的彩色和手中精致的编织品，让这远离大陆的孤独小岛变得格外富有生机。每走几步你都感觉得到身边布满了艺术家，一位年轻女士在展示自己刚刚勾好的一份蕾丝制品，前面的那家首饰店里有各式各样自己设计制作的玻璃制品首饰，巷子口的画店主人就坐在他那张布满油彩的桌子上创作，来往的顾客也丝毫无法打断他的灵感，而那些画上，就映着他身后这座彩色岛上，绚烂的彩虹房子。他们构成了我对威尼斯最美好的回忆。

这一行的遗憾是我们没有足够的时间，竟然只得放弃了威尼斯最著名的圣马可广场，但那儿总会给我留下一份期盼和憧憬。或许我下一次有机会再乘船来到这座城，会对它更加地珍惜和敬仰。从威尼斯回来，我又拿起这本《天使坠落的城市》，感受到真实的威尼斯的呼吸，它不再像面具下面的脸那么神秘未知，也不像圣马可飞狮一样神圣遥远，它告诉世人在不安分的潮汐面前，威尼斯人依然绚烂的生活，他们所留下的文化瑰宝正是对这一份自然馈礼最好的回报。

天使坠落的城市

让我谷歌一下杭州怎么走

李阿宅

其实，杭州不在我今年的旅行计划之中。

早在年初的时候，我就对着所有人嚷嚷，今年要走318国道，要去西藏，要去尼泊尔。可是所有的计划都被驾考挂科耽误，一直拖到七月，我和闺蜜说，再不出去就疯了，于是买了张去杭州的高铁票就出发了。

我没有拎行李箱，只是背了一个黑色的大包，里面放了一些换洗的衣服，两双一模一样的白色帆布鞋，一台小的笔记本和一架单反相机，东西不多，但是真重，压得我直不起身子。慧姐开车送我去火车站，看着我背着包跟跟跄跄的模样，实在忍无可忍，"你要是没有行李箱我借你一个成么？"

我有啊，不止一个好吗？可是我不想用行李箱。

好像年纪越大，越变得容易矫情，我总觉得行李箱会给我一种负担感。我很难形容那种感觉，就像是整个人被束缚住了一样，我需要分出一些注意力给它。但是背包背在肩上，就和我身体捆绑在一起了，我可以不被约束地想走就走。

或许源自于我不是一个抗压能力强的人吧。

去杭州的高铁上，我发了一个朋友圈，说梅雨季节求人品，下面一群人点赞，捎带着不忘幸灾乐祸地说："杭州在下雨哟，整个江浙沪包邮区都在下雨哟，哈哈哈。"

果不其然，我人品并没有爆发，出了站映入眼帘的就是淅淅沥沥的细雨。住的地方是一家号称可以看日落的青旅，在一座小山脚下，距离西湖很近。道路旁边葳蕤的大树相互掩映，有种遮天蔽日的感觉。

我到达青旅以后，雨势逐渐变大，于是跟一群人坐在二楼的榻榻米上玩游戏，然后就结交了这次旅行中唯一的一个朋友，培培。

培培是上海人，几个月前来到杭州做了这家青旅的店长。她长得很好看，留着长发，穿着白T恤和短裤，皮肤被晒得黝黑，像是一颗清脆的苹果，有一种健康的美。

培培是个拥有神奇经历的姑娘，曾经用一年的时间独自去了十四个国家，一路搭车一路沙发客，像是个玩儿命女侠一样和这个世界产生了疯狂的化学反应。

淡季的原因，客源不太多，我和同屋里的姑娘拉着培培和我们一起睡。培培洗漱完出来，说："告诉你们一件事，你们可别吓着。"

我们互相看了一眼，点点头。

培培神秘兮兮地看了我们一眼，然后撕扯了一下自己的头发，竟然是假发！她的后脑勺上赫然露出一块秃了的地方，上面的伤痕蜿蜒纵横着。

我和另一个妹子面面相觑，谁也不知道该说什么好。

还是培培自己打破安静，说："在印度的时候出了个车祸留下的。"

那时候培培跟着在新加坡认识的驴友一起去了印度，在印度开车去海边的时候车翻了。后脑勺着地血液又冲击了前脑，在重症监护室醒来的时候，暂时性的失忆让她根本不记得整个过程了。

她说那时候痛得连哭都不敢，让朋友给她表哥打了个电话，将事情的经过说了一下："然后我告诉我哥先瞒着我父母，要是万一出了什么事，他们可能需要来一趟印度。"也是因为这次车祸，她才重新回到钢筋水泥的繁华城市。

我原以为经历过生死挣扎的人，应该有一种与众不同的超然气质，然而当我第一次见到嘻嘻哈哈和店里的客人开玩笑的培培时候，压根没有想到她也是从生死线上徘徊过的人。

而你也不会想到她以前的职业竟然是一名小学语文老师。

培培前二十六年的生活一直都是循规蹈矩，稳稳妥妥的，上父母心仪的学校，学父母选择的专业，工作也都是家里安排好的。不出意外会像大多数女生一样，结婚生子，如此生活一辈子。

但这样的生活只过了四年她就厌倦了，她和都要谈婚论嫁的男朋友摊了牌，告诉他，自己要出去。但那时候她并没有想好是考研还是旅行，于是一边准备考研，一边做旅行计划。

培培脚踝上还有一个文身，我看了半天也没有看出来是个"行"字。文身的时候，她正在清迈，恰好接到了法国研究生的录取通知书，于是在读书和旅行两个选择中纠结了很久。最后，她把这个决定文在了身上。

我好奇地问她："文身疼不疼？"

培培一副看傻子的模样看着我："竹子绑着刀片割破你的肉，真的不能用疼来形容了。疼字真的描绘不了老娘撕心裂肺的三个小时啊。整整三个小时，我一直拿伏特加猛灌自己来麻痹，没下刀的时刻我已经醉到可以和星星对话了，文身师一刀下来，秒醒！"

一年的时间，她因醉死在菲律宾的沙滩上而错过了第二天的航班；在斯里兰卡遇见了一个心心念念的人；在黎巴嫩目睹战争的残酷；在尼泊尔埋头努力挣路费。

在旅行鸡汤书如此繁多的今天，培培的经历或许根本谈不上荡气回肠，可是当她带着一身的故事站在我面前的时候，我仍旧感动得想哭。

她是我一直想成为的那种姑娘，有魄力，豁得出去，心怀一个大世界。有的人一生是由柴米油盐和喜怒哀乐组成，而她的一生则是由无数惊喜和颠覆组成。

你没法评价哪种生活好，哪种生活不好。命运是如此神奇的东西，或许有人生来漂泊，有人则注定安稳。

离开杭州的前一天晚上，大雨仿佛要把整个世界淹没。

我和培培撑着伞去坡道下面的一家小商店买牛奶，大概地理位置偏僻的原因，周围一片寂静，只有零零散散的宾馆和饭馆的广告牌亮着灯光，雨水滴落在伞上的声音格外清亮。

我听见自己问她："漂泊的意义是什么？"

培培想了一下说："大概就是随时重生吧。"

"你能在荒芜中一砖一瓦亲手建造一个世界，也学会承受你精心维护的世界在一瞬间远去。"

在命运的归属上，我和培培大概算得上一类人吧，都是一直在漂泊的人。

在杭州的第二天下午，我一个人排很长的队去吃大名鼎鼎的外婆家，排队等候的时候收到阿古同学的微信，他说他来杭州看我。

阿古是我小伙伴的本科同学，现在在上海同济读研，之前跟着小伙伴一起见过几次面。

我其实不喜欢这种突如其来的相逢，更何况是在我浑身潮湿，妆也被雨水淋湿了的时候。可是他已经到了，我又不能不见，于是扔掉手里的菜单，和他约了去吃另一家杭帮菜。

我饥肠辘辘地点好菜在等他，可是这哥们是路痴，一直绕啊绕啊绕，就是找不到约好的地方。身旁的服务员大概以为我被放鸽子了，不时地瞅我两眼，等他到了的时候，我已经吃完一碗米饭了。

其实那天说了很多话，但大多都不记得了，只记得他陪我在公交站牌等车的时候，看着我说："你先别找男朋友，等我一年，我明年毕业大概就会回济南。"

说实话，我不是一个能够接受甜言蜜语的姑娘，但当有个人站在你面前说出这句话的时候，说不感动是假的。但，我还是无法因为感动去喜欢上一个人，我可以勉强很多事情，但唯独在感情这件事上我做不到勉强，或许这也是结束上一段感情后单身至今的原因吧。前段时间和我妈聊起这个问题，我问她："万一我要是不够优秀，真的遇不到那么一个合适的人了怎么办？"我妈当时在吃饭，连头也没抬说："你又不是养不活自己。"我当时真的是舒了一口气说："有你这句话我就放心了。"

对于感情这种事情，我现在已经抱着一种看开的心态在等了。

你要耐心地等，你要知道，世界上所有的等待，都有归期。

如果雨巷不会寂寞

　　林北北突然记起来以前学过的《雨巷》，他总是想那个独自徘徊在雨巷中的少年是有多么寂寞啊，即使遇见了丁香般的姑娘，也不过是多增了几分幽怨。

　　而他，在人生这条悠长悠长的雨巷中，没有遇见丁香姑娘，却遇见了罗小西。

　　他还记得罗小西第一次见他时眼里的胆怯和毫不犹豫的反击，他们都是这雨巷中孤独而寂寞的同类。

　　可是他们遇见了，这雨巷，就不再寂寞。

除你以外的地方，都叫漂泊

陈小艾

高二那年，繁忙的功课之余，班里开始流行交笔友。很多人从杂志的交友信息栏里记下远方陌生朋友的信息，把心事写满几页纸，投递到绿色的邮筒里，我也是其中一个。

我是个地地道道的北方姑娘，从小在四季分明的小城长大。地理课上，我曾托着腮帮子畅想过穿着长裙踏在南方青石板走路的情景，那里山清水秀，树木葱茏，藤蔓摇曳。所以，我选择了一个来自江南水乡的女生做我的笔友。

第一封信寄出去之后，在我惴惴不安的等待里，她的信终于如期而至。对于我生活的小城，她显然充满了颇多好奇与向往，因为对于很多人来说，它不过是蛰伏在中国地图上的小小一隅，甚至只有在前面缀上诸如"黄河入海口""中国第二大油田"这样的字眼，它才能被人从偌大的中国版图和芜杂的地名中认出。

我怀揣着过度的热情来向远方未曾谋面的朋友讲述关于小城的一切。

一直以来，因为心底总是揣着对异乡的向往，我曾对眼前这座小城不以为然。乘车从一条条笔直宽阔的公路上经过，路两旁空旷的田野上，矗立着一台台提油机，它们有节奏地重复着"磕头"这样一个动作，像是虔诚地捍卫着这片土地上每个人心里的石油梦。石油，是上天对小城的馈赠，基于此，小城里的多数人都过着丰裕的生活。

小城的主城区分东城和西城两部分，西城是老城区，马路旁挤满了大大小小的店铺、商场，经常有穿着时尚、精致的女子从里面穿梭。济南路商业大厦附近，是节假日人流量最大的路段之一，路两旁的特色美食，是很多人的温暖回忆。这些沿街店铺多数门面不大，店老板个顶个有着洪亮的嗓门儿，"来，尝一尝，看一看，栗子个顶个的甜！""香酥小饼，不酥不要钱！"在这样此起彼伏的叫卖声中，我总是忍不住停下脚步，贡献出兜里的零花钱来过把瘾。每个周末约上几个好朋友来这里逛一圈，买一堆喜欢的美食互相分享，就是幸福感爆棚的事。

与西城的烟火气十足相比，东城则显得整洁有序，每一条道路都是认真规划过的，笔直宽阔，道路两旁用心裁剪过的草木，向人展示着这座城市的另一面。小城虽然不大，但东西城之间有一片空地，这些年随着城市发展，这片空地越来越小，东西城渐渐相接，界限也越来越模糊。

在写给南方姑娘的信里，我乐此不疲地介绍着关于小城的点点滴滴。我甚至开始感激这样一个契机，让我放下对小城的不屑和轻视，重新审视这个刻满我成长印记的地方。

在等待她的信到来的日子里，我开始享受起在小城的生活。以前我像很多人一样，嫌弃过它的平庸，在向别人说起小城时，除了"石油"想不出其他的标签。我曾一门心思想往外走，觉得外面的世界天大地大，能装得下我的梦想。但现在，我想让小城被更多人看到、喜欢。

所以，当南方姑娘提议我们互相拍下自己城市里的美好风光给对方看时，我欣然答应。脖子上挂着卡片机围着小城奔波了一天，我给她拍夕阳下的提油机，西四路天桥下的夜景，新世纪广场的喷泉，金碧辉煌的雪莲大剧院……在我呈现的字句和影像里，南方姑娘对小城从完全陌生到增添了不少好感，甚至跟我约定，高考完了的暑假一定来小城逛逛。

年轻，地广人稀，盐碱地，石油，黄河入海口，曾有很多人为这片土地下过不少定义。而我，也曾止步于这些不肯深究。我羡慕过那些出生在北上广这样的大城市里的人，因为他们能获得比小城更多的机会，看到更广阔的世界，为此很多人趋之若鹜，背井离乡甘愿做一个异乡人。

但现在，我开始发现小城的好。我还没有等到那个南方姑娘的到来，如果她来到小城，我一定带她从东城坐一个多小时的公交车去西城，带她吃正宗的利津水煎包，去济南路逛街，到西四路天桥看夜景，看河海交汇，尝尝鲜美的黄河口大闸蟹，看一场全民参与的马拉松比赛……

亲爱的东营，我在这里出生、长大，关于这世界最初的印象来自于你，今后漫长的余生也注定与你紧密相连。这些年，你一直站在那里，怀揣着包容与等待，以及仁慈到溺爱程度的疼惜，等待着远方的游子倦鸟知还。

我愿意每个早上，在你的怀抱里醒来。

火车路过所有城市

方　悬

对火车的恐惧大概是来源于第一次搭乘它时产生的。那是我上大学的前一天，半夜一点上了火车，隔天下午一点下了火车。

我以为来这所学校应经是最糟糕的事情了，可是更糟糕的事马上就来了，那就是我要坐十二个小时的硬座才能来到这吉林省北部的一颗明珠——白城。坐上车的那一刻，我就发现火车晚点。

白城，挺好听的名字。也被人唤作"鹤城"。我还真的期待能见到丹顶鹤呢，可是来到这里的第一个冬天，我就见识到了风力的强大——铁皮垃圾桶被刮翻了！

有位同僚发了说说质问：我就问你，鹤在这儿能立住么？

惹人发笑。

也记得一句用来描述在远地方上学的人的话：从此故乡只有冬夏，再无春秋。

当然我这里离家还算不上远方，只是我不喜欢坐那么长时间的车，所以一年只回两次家，和大多数在远方上学的学子一样。

临近放假的时候是最开心的，那张为期十二小时车程的火车票也不那么令人畏惧了，因为是走在回家的路上，所以再辛苦也都不算什么了。

我喜欢靠窗的位置，客车，出租车，甚至小三轮，现在再加上一个火车。对于靠窗的位置总是有莫名的好感。将额头轻抵在窗子边，能看到自己的身影，长发披散在身侧。向外看，窗外的景色一闪而过，塞上耳机，然后世界只剩下我和张悬。真真觉得这场景很有意境，车子发动了，车窗震得我脑子疼。低声咒骂几句然后重重地靠在椅背上，顿时，显现出理想与现实的差距。这是半吊子文青的通病。

从白城开往家乡的火车是在下午五点左右开的，隔天凌晨五点钟到。也是巧合，一来一回都在夜里度过。

也许你会说，多好，睡一觉就到家了。

可惜，在车上总是睡不着的，身体再劳累，却也总是睡不着，睁着眼睛，直到发涩发胀，闭一会儿，再睁开，哦，过了一站了。

一路上大概就是在看着窗外的景色度过的，所有城市的景色在黑夜中一般无二，无非是一片漆黑。到了一站，火车长鸣。萧瑟的夜也热闹了一小会儿，上车下车的人带来了一股喧嚣，车厢里的闷热被外面新鲜的空气搅乱，有的人便清醒了。学校到家里这之间隔着的十几站我背得滚瓜烂熟，每过一站，我都在心里小小地雀跃一下，哦，离家又近了许多。

从小到大，属性为宅。没去过什么地方，一路火车下来，经过的这些城市的火车站倒是被我看遍了。每当火车长鸣着驶进火车站时，心里的情绪也会随着波动。凑近窗子，将脸贴在上面，冰冰凉凉的，窗外昏黄的灯光下，是人们一闪而过的脚步，不多时，火车再次出发，驶出车站欢快地跑向下一个车站。

同行的朋友是个自来熟，总是能跟周围的人聊上天。

"到哪儿？"

"长春。"

"那快到了吧。"

"是啊，你呢？"

"得明天五点吧。"

"呦，那可真是够久的。"

"嗯。"

聊着聊着，对方变戏法似的拿出扑克牌，"一起玩会儿？"

正好两两相对，四个人的座位仿佛就是为了方便玩一样。

"忘了说，我逢赌必输。"我抱歉地说，对方洗牌的手法娴熟，丝毫不在意，"没事。"玩了大概两个小时吧，居然没怎么输，心情也慢慢好起来，兴趣刚上来，对方收起了扑克牌笑里满是解脱一样，"不好意思，到站了。"说罢将随身的东西收起来，再过五六分钟，火车长鸣一声稳稳当当地停下了，告别对方，等待我们的还有大约七八站。旧人才离去，新人便在这里驻足，座位简直比厕所还紧张。也是这时才发现，夜深了，大部分人都睡了。

累，闭上眼睛，又睁开。就是睡不着，书包里的书籍杂志，手机里的电视游戏，我用来准备旅途解闷的，此刻全然没了玩弄的兴致。

"不困啊？"同伴半睡半醒间问道，我摇摇头。

起身，路过座位两旁站着坐着的人们，一步步蹭到了厕所附近，两节车厢连接处有一个洗手台，在那里站一会儿，冷风从四处的缝隙里袭来，清新凉爽。用水拍拍脸，揉揉眼睛，带着一身凉气回到座位，反复看了几遍火车时刻表，数着时间。

北方的天亮得早，四五点钟的时候，天色不那么黑了，火车掩映在青山绿水里欢快得像解脱了禁锢的精灵，推醒同伴，"喂，到了。"同伴睁开眼睛，喃喃道："还没睡够呢，这么快啊。"

快？我分明觉得已经过了几个世纪了。

又一声长鸣，然而我觉得这一声比任何一声都要来的悦耳。是了，总算是到了，拉着沉重的行李箱慢悠悠地走出车站，心情却是雀跃的。火车路过了所有的城市，总算路过我的家了。

"还有一关。"和同伴相视一笑，握紧了拉杆，出了火车站的大门，果然是一群守在那里的出租车司机。

"去哪儿？"此起彼伏的询问令人忍不住发笑，我哪儿也不想去，现在，我想睡觉了。总算是躲过了司机们的盘问住进每次来回都住的旅店，总算是舒坦了，打开电视机调成静音，才逐渐睡去了。

被母亲的电话吵醒，哦，天亮了。吃过早饭，打了车去县城中心，过了入口时，看到"一城柳色半城河"的字样，心情愈发喜悦，回家了。

旧 书 心 事

巫小诗

茉 莉 书 店

台湾的二手书店跟大陆的很不一样，并不是角落里陈旧的一小间，而是宽敞明亮、装修典雅、带有咖啡间的大店面，工作人员都统一着装，穿着萌萌的小围裙。书类的完整程度较高，部分书籍简直就是新书，当然，价格上也没有我们的二手书那么"白菜"。

我最喜欢去的一家二手书店名叫"茉莉"，跟书店的名字一样，店内有一种淡淡的香味，闻着很惬意，我不确定那是否就是茉莉香，因为我没有闻过茉莉。

"茉莉"书店很大，往店的深处走，有一个高了一级台阶的小隔间，这一间区域，需要脱鞋进入，读者可以席地而坐阅读，不会有假装打扫或者是搬书的店员来打扰你。

我就是在这个隔间里发现那本书的。

小静的故事

那是一本漫画书，非著名画家，封面也并不吸引人。

我之所以想要买下它，仅仅是因为书名叫《小静的故事》。对啊，小静的故事，好简单甚至好偷懒的书名，但我刚好有一个好朋友叫小静，我想，它接近全新，价格也不贵，不如买下它送给小静当礼物吧，一切都那么刚刚好的样子。

我买下了那本书，因为这家店大部分的二手书都被重新塑封，所以在我买下它之前，我并不知道那本书都写了些什么画了些什么。

我带着这本有点儿莫名其妙的书回到了宿舍。作为一个有着强大好奇心的大脑洞少女，我一度担心这本书不适合送人，担心书中的"小静"可能是一只丑丑的小动物，它甚至都没有好的结局，这让人联想到"倒霉熊的故事"。也担心，这是一本很无聊甚至很垃圾的书，送人的话，会让对方觉得我的阅读趣味很低下。

于是，重重的好奇和猜想，促使我轻手轻脚地拆开了那本书，我相信凭借自己的巧手，可以在结束书本"审查"，确定它够资格作为一个送给好友的礼物之后，把它恢复包装，假装这一切都没有发生过。

当翻开书本第一页的时候，我不想发生的事情还是发生了，来得这么汹涌澎湃——首页赫然写有原主人的名字！

写了名字的书，再新也没办法送人啊！我忍不住在内心吐槽书的主人："都什么年代了，书本上还非得写名字，是小学生吗？"还有，店家也是的，既然高价卖二手书，就该断绝这种有笔迹的书流入书店。

吐槽了半天，也渐渐释怀，送不出去，总比在不知情的情况下送出写了名字的二手书好吧？就当花点儿小冤枉钱，自己给自己买了本旧书吧！

二手书的主人

我带着"万一它好看呢"的自我安慰，和"不看也浪费"的抠门心理，翻开了这本我其实并没有太大兴趣的书。

这本书跟普通的漫画书不同，它是一本绘本，每页只有一幅画，还有少许文字，几乎每页都不超过一句话，有时甚至只有"你好吗"这般偷懒的三个字，或者是矫情的"我想你"。不好看，我草率翻完了它。风格有点儿类似几米，但画工和文采都差太远，以至于我原本就不满意的心情变得更加糟糕，"最近运气真的不好。"我自我叹息道。

在我合上这本书后，感觉到了一些异样。

它躺在我的书桌上，背面朝上，背面没有标价，也没有二维码！我再度拿起它，正反面详细地寻找着，找不到它原本被赋予的价钱，也没有二维码这个书本的身份证。所以……它并不是一本正规的出版物，而是一本盗版书？应该没有人会蠢到盗版这种明显没市场的书吧？那么，它应该是一本私人订制的印刷品，就像我们在打印店彩色打印了一个自己的作品当纪念一样。

正规的二手书店让这种私人抒发零碎感情之物流入读者市场，真是不负责任呢。

等等！好像还有哪里不对，它好像不是繁体字！我再度翻开了这本书，是的，它彻头彻尾没有一个繁体字，全是简体，不，还有繁体，那就是首页的名字，书原本主人的名字是繁体，姓氏且为他保密，后两个字是"华轩"，是一个男孩子的名字。

原本不讨喜的旧书，因为这突如其来的神秘身份而让我对它重新有了兴趣，我就是一个彻头彻尾的福尔摩斯少女啊，或许能揭开惊天谜团拯救人类呢？我自顾自陶醉了一会儿。

福尔摩斯少女

理清思路，我基本得出了两个观点：一、这是一本私人订制品，来自大陆；二、书的拥有者，是一个台湾男生。

从这两个观点出发，我重新品读起这本书来，它果然变得不一样。

"小静"是这本书中画到的女主人公，这本书是她每天的小日常，关于一个人吃饭，一个人读书，却又是一个人走在通往另一个人路上的心情。时而甜蜜，时而忧伤，带着饱满的思念，还有少女的情怀。即便画工和文采的限制让它无法制作精良，但感情的真挚也让普通看客不由内心柔软。

我没推断错误的话，这本书的作者，就是小静本人，而这本书，是她自身生活的写照。从画中提到的卧铺火车细节，可以得出，女生来自大陆，因为台湾没有卧铺火车啊，所以这是一本大陆女生送给台湾男生的书。他们可能是在一方到另一方地域旅行相识，或者是交换生读书的机缘相识，甚至可能是跨越海峡的笔友。

而女生把这些打印成书本格式，是为了一种小收藏，甚至打算精心包装后送人。把如此细腻和私密的心情送给别人，一个一听就是异性的名字，必定是含着满满的爱意。

这简直就是一本女生画给男生的情书啊，不是一封，是一本！对男生来说，这该是多么特别多么珍贵的礼物，但它为何会被抛弃在一家二手书店？即便分手后不能再做朋友，这本珍贵的历史见证也该被珍藏，哪怕被自己撕毁都可以理解，万万无法忍受的是遗弃，还被不知道谁的陌生人随意翻阅，这对女生来说，简直是侮辱。

我带着天生脑洞难自弃的无边好奇，和对女主人公的心疼，决定要替小静找到这本书的主人，这个叫"华轩"的我不怎么看好的男孩子，要质问他为什么会抛弃这本书，问他在心里把小静当什么。

我这个暂居在台湾的大陆女孩子，要替另一个素不相识的大陆女孩子讨一个说法，不为别的，我买下了这本书，从宿命论来说，这事也该我管，我也管定了。

茫 茫 人 海

我在微信上跟我最好的朋友小胖讨论这件离奇的事情。

她在海峡对岸发来嘲笑的表情，"你好爱管闲事噢，从小到大都是这样。"

"可是如果我不管，你不管，所有的人都不管，有一天事情降临到自己头上，你觉得会有人伸出援手来帮你吗？"愤青如我，极力反驳道。

"可是，茫茫人海，你去哪里找这个叫'华轩'的台湾男生？再说了，这也不是一个很别致的名字，台湾有两千多万的人口吧，重名率也不会低，就算你找到了一个叫华轩的人，你开口就咄咄相逼质问他，你又怎么能断定他就是你要找的？再或者你找对了，对方不想搭理你，矢口否认，你就这样跟他错开了，又能怎么样？"小胖啰啰唆唆地讲了一堆，好像还有那么一点儿道理。

我被她的利弊分析说得有点儿语塞，她却乘胜追击道："你作业写完了没？稿子写了多少了？自己对象也没着落吧？家里电话也有一阵子没打了吧？自己都没处理好，就先不要去管别人了。"

唉，我长叹一口气，如果有一天你有了一个啰啰唆唆、苦口婆心的好闺蜜，你就拥有了一个话匣子不停的长期绑定的兼职母亲，相信我，这种体验很神奇。

聊天结束后，选择提前睡觉，毕竟睡觉肯定是我自己的事，没有人会阻止我，连我自己也无法选择放弃，真是一件提升个人精神和自我存在价值的美差，轻松舒适还免费。

多管闲事联盟

早上起来后，我几乎忘记了这件事，随手收拾了书本就去上课了，不小心把《小静的故事》夹杂着带去了教室。

台湾的同学上课也会偶尔开小差，我作为一个书包里一直会有课本之外书籍的大陆学生，阅读品味也公认的不低，找我借书看成为某几个台湾女生课间爱做的小事。

这次找我借书的女生是欣慧，在我给她另一本书的时候，她看到了这本书下面的《小静的故事》。我抱歉地跟她说，这本书不适合，不适合给太多人看，是对作者的不尊重。

听我这么一说，欣慧的好奇心也涌了上来。于是，我又告诉了她这本神秘小书的来历，以及我的种种合乎情理的推断。欣慧跟我的立场一样——要找出书的主人，问个清楚。

脸书（Facebook）是台湾人手必备的社交工具，绝大多数人都是实名注册，我初来乍到时也被同学们推荐着注册了，只是朋友太少，我很少使用它。

欣慧加入了我的"寻找华轩联盟"后，给出的意见是直接从脸书入手寻找，挨个给叫"华轩"的人发私信，告诉对方有这样一本书的存在，问他是否是书的主人。因为我很少使用脸书，这个发私信的任务就光荣地属于欣慧了，她也很乐意帮忙。

我们两个爱管闲事的热心肠姑娘，就这样开始一场掺和他人情事的伟大战斗中，我们不知道结果会怎样，这两个人现在关系如何，但我们觉得，联系上书的主人，至少不会帮倒忙。

寻 找 华 轩

这一天晚上，欣慧一共给十三个叫"华轩"的人发了脸书私信，有八个回复自己不是要找的人，有两个回复说是，但进一步聊天后证明他们都是在开玩笑，是进了欣慧的主页，看到她漂亮的照片，想跟她开开玩笑而已。剩下的三个都没有回复，我们也基本可以断定，书的主人就是他们三人中的一个，当然，前提是他是一个拥有现代人生活方式，有社交网络习惯的台湾男性。

接下来就是漫长等待回复的日子了，因为等待让人无事可做，所以我俩逛起了这三个"华轩"的个人主页来了。我们给他们编上了号，"华轩一号"基本不更新，一个月难得发一条消息，发的内容也就是些当日天气图。这样的人，没准看到我们的私信，已经是一个月后的事情了。另外两个偶有更新。"华轩二号"看起来对旅行比较感兴趣，照片拍得棒，文采也不错，还写点儿小诗，也评价社会热点，给人感觉是个靠谱的文艺青年，只是没有照片。"华轩三号"则比较无趣，转发一些无关痛痒的消息，以及偶尔有些照片，要问长得怎样？无趣的人一般长得也比较无趣吧，他其实没什么必要放照片的。

我们基本可以锁定"华轩二号"了，他的气质谈吐符合我们心目中对一个被海峡对岸女生爱慕的对象标准，而爱旅行这一点，也刚好可以解释他跟大陆的小静的相识机缘。一切都那么刚刚好的样子，万事俱备，只等回复了。

我俩窃喜一阵，各自发消息说了晚安，希望明天早上起来的时候，可以在私信回复里看到我们想要的答案，"爱管闲事联盟"期待黑夜过后的曙光。

翻来覆去，一想到明天早上就能解开谜团，心里还是挺高兴的。感觉《小静的故事》这本算不上书的书，像是一条神奇的电波，是电话A发出电波后挂掉了电话，而电话B并没有收到这个电波，然后电波在电话线里面迷路了，东倒西歪，跌跌撞撞，最后撞到一个错误的电话里，被一个错误的人接到电话，接电话的人听到莫名其妙的电波，想查清楚究竟为什么，而我就是这个接到电话的人。

是或者不是

清早，我被欣慧的电话吵醒，她告诉我，有两个人回复了她的私信，分别是"华轩二号"和"华轩三号"，他们都说找错人了。

三号不是也就算了，二号那么符合，怎么可能就不是呢？怎么可能错呢，如果最有可能的这两个都不是的话，那从脸书上找人的方案彻头彻尾就是个错误，因为华轩可能压根就不用脸书。

午饭时间，我和欣慧一起在食堂里吃饭，我们正懊恼之际，"华轩二号"又主动发私信过来联系欣慧了。他问，这具体是本什么样的书呢?

其实跟一个不是主人公的人没必要聊太多,但人家看起来是出于好意,欣慧还是跟他讲了得到书的经过,以及书的具体内容,书的作者如何心思细腻,书如何饱含思念……欣慧跟他聊,我无精打采地吃着我的饭。

欣慧讲完后,"华轩二号"说:"其实,我刚才隐瞒了一些实情,对不起。"

这句话把我俩熄灭的热情又重新点燃,我们放下碗筷,两双眼睛紧紧盯着手机屏幕,欣慧打字,我一旁指导。"所以,你是书的主人?"我们问道。

"我不是,但我认识你们要找的小静。"

什么情况?我们丈二和尚摸不着头脑,觉得事情越来越复杂,简直是一个费脑的智力游戏,我甚至怀疑我买这本书就是中了某个人的恶作剧。

"华轩二号"开始讲述不是书本主人的他跟故事中的小静的短暂故事。

骗　子

"那是两年前的事情了,我收到一条脸书私信,对方问的问题跟你们问的有点儿像,但她是第一人称。她说:是你吗?我是小静呀。我点进去她的主页看了看,还挺可爱的,反正我不诈骗,聊聊天还是没问题的啊,我就索性回答:是我。

就这样,我跟她认识了。聊天中得知,她是独自来台湾旅行的大陆女生,旅行期间认识了跟我同名的那位男孩子,渊源是她遗失了钱包,正迷茫的时候他出手相助,不仅给了一些零钱,还提供了自己的银行卡号,然后就匆忙离开,别的什么都没有留下。女生大陆的朋友汇钱过来,她按着他给的银行卡号还钱,知道了他的名字,因为汇款是可以看到姓名的。

他们只有这么一面之缘，但女生好像很喜欢他。后来女生注册了脸书，跟同名的我联系时，即便自己不是当事人，我也没有否认。我以一个不是我的开始，跟她继续进行了接触。她是一个很可爱的人，聊了几天我越发觉得，不太好继续骗她，可是也没有勇气承认错误。而那时候她刚好要离开台湾回大陆，大陆没有脸书，她想要我的电话和地址。我正尴尬的时候，我那个一直想在21世纪交到笔友的好朋友挺身而出，提供了他的电话和地址，然后，我跟她就没有联系了，具体我朋友跟她聊得怎样，我也没有再关心。"

"可是书的首页写着'华轩'的名字呀，如果是你朋友收到，他怎么不写自己的名字呢？难道他也叫这个名字？"我俩已经被这复杂的关系绕得团团转。

"你确定是我朋友写的？不是小静自己写的？""华轩二号"反问道。

我们仔细再看了看书，摸一摸名字处，发现并不是笔记，而是打印出来的原本画稿上的字，细心的小静帮华轩写好了名字，还是大陆女生不擅长的繁体字，真是个细致可爱的姑娘。

"可是书怎么会出现在二手书店？"我们咄咄逼问。

"我刚问了朋友，他说因为书不是写给自己的，他出于愧疚，就把它放在了书柜的顶层，不再翻阅。而后来搬家时，母亲卖掉了一部分家庭闲置书，也顺带卖了这本。搬家后朋友换了电话，也没有再跟小静联系了。我能说的全说了，如果你们能联系上这位姑娘，帮我说声对不起，我那时候太贪玩了，无心之过欺骗了一个人的情感，我以为会就此打住，不知道对方真的动了心，对不起啊，对不起。"他没有再说话。

回 到 当 初

我俩也终于从错综复杂的关系中完全搞懂情况，理清了思路，天呐！也就是说，小静一见钟情的"华轩"，并不是脸书上聊天的"华轩"，后来通信的通电话的，给他寄书的那个，只是第二个"华轩"的朋友，这真的太绕了，所以，小静喜欢上的，思念的，画上温暖图画的，并不是一个具体的人，而是三个模糊概念的综合。

突然觉得小静好可怜，好心疼她。

不！小静喜欢的不是三个人的综合，她所有的喜欢，是建立在第一个人的一见钟情上的，如果没有第一个"华轩"的帮助，不会有后面的好感和联系，而后面两个男生，也并没有对她倾注太多真挚的情感。所以，我们可以帮助小静联系到真正的"华轩"，让她像时光倒转一样，回到第一步，重新了解，重新认识，重新喜欢。

我们应该帮她，不是吗？

一 直 都 在

我们从撒谎的"华轩"的朋友那得到了小静的电话号码和家庭住址，并重新编辑了一条私信"如果你两年前曾帮助过一个丢失钱包的大陆女生，请联系我"，群发给了昨天联系过的所有叫"华轩"的人，不久便联系到了华轩本人，我们确定他是本人，因为两年前的细节他说得都对。

他听完我们复杂长久的故事，知晓了小静被两个冒充自己的人骗，知道世界上存在那样一本温暖的以他为开端的书。

我们问他，愿不愿意跟小静取得联系，我们帮他解释清楚种种缘由。

他说不用了。

我们有些失望。

他接着说：谢谢，你们不用跟她联系跟她解释了，那样对她是伤害。其实这两年我经常想到她，她是个好女孩儿，这本书光听着书名就好温暖，温暖得不舍得她受一点儿委屈。我跟她联系吧，我会告诉她，她联系的那个人，一直以来都是我，我一直都在找她。

如果雨巷不会寂寞

夏白洛

1

　　林北北发现最近的自己有些奇怪，可又说不出哪里奇怪，总觉得有些不对劲儿。

　　放学回家的时候，总是习惯性地往对面张望一下，也不知道在期待什么。

　　每晚拉窗帘时总是能看到对面罗小西房间的灯还亮着，都这么晚了，她在干什么呢？

　　罗小西一家是上个月从外地搬过来的，老家在离这里很远很远能够看到雪的地方，为了让罗小西能够考上重点高中，顺利上所好大学，所以搬到了这里读书。

　　林北北想，这一家人可真是重视罗小西的学习啊，可是罗小西好像并不争气，刚转来的第二星期，班里就进行了期中考试。

　　罗小西的成绩并不算理想，顶多算得上是下游偏上，就连林北北最近没怎么认真听课，名次都排在她前面。

　　由于心情很烦躁，所以林北北逃课提前回家，却正好碰见罗小西的母亲从菜市场回来。

罗小西的母亲看到林北北很热情地打了招呼，看了看时间笑着问北北怎么这么早就回来。

林北北不好意思地挠了挠头，说自己身体不舒服所以请了假，慌乱地指着罗小西母亲手里的鸡转移话题。

罗小西母亲露出一个慈爱的微笑，看向鸡的目光也变得越发温柔起来。

"小西最近学习很累，给她炖只鸡补补。"

林北北的眉头皱了皱，只一瞬便舒展开来，进了家门。

2

罗小西并不想去拜访什么新邻居，可是妈妈非要拖着她，说是对面邻居家有个和她一样大的孩子。

不出意外的话，还可能在一个年级，认识一下总归是相互有个照应。

罗小西并不想有这样的照应。

从心底里，罗小西并不想认识陌生人，不是不愿意，只是有些害怕，如果对方不喜欢自己，那该怎么办？

既然对方可能会讨厌自己，那为什么自己还要主动去认识别人呢？生活在自己的世界不是已经足够了吗。

可是罗小西的母亲并不懂得罗小西在想些什么，吃过晚饭就带着她敲响了邻居家的门。

罗小西想过可能会是认识的人，也想过可能是同班同学，可是并没有想到会是林北北。

看着林北北有些不耐烦地开了门，朝着屋里喊了一声爸，有人找。

罗小西下意识往后缩了缩。

刚向屋里张望了一下，就看到林北北谨慎的眼神，愣了一下，罗小西也毫不客气地睁大眼睛回瞪了过去。

3

其实从心底来说，林北北是不喜欢罗小西的。

她的妈妈对她那么好，可是她的学习也不见得有什么长进。

林北北说不出来是羡慕还是怎么，就是不怎么待见罗小西，但每次罗小西上课结结巴巴回答不出问题的时候，又觉得有些生气。

数学课上秃了顶胖胖的数学老师正在检查昨天上课讲的公式。

林北北看着前面的罗小西背部轻微抖动的样子，心里忍不住吐槽，哼，她肯定又没记住。

果然，罗小西被点中起来回答时，背到一半的公式突然就想不起来了，看着她不停地重复上一个公式，林北北也跟着紧张起来，手心沁出了汗，紧紧地攥成拳头。

眼看着数学老师就要发火，林北北顺势就从桌下掏出笔记本撕下一张纸条，匆匆忙忙写好递了过去。

看着罗小西转身接过了纸条，林北北心里的石头落了地，如释重负地露出一个微笑，罗小西却突然把纸条塞进口袋，狠狠地瞪了他一眼，挺直了胸膛。

最终，罗小西还是没能完整地背下公式，于是就和其他一样被点中却没有回答出来的同学一起站到了教室外面。

看着窗外的一排人，林北北很容易就找到了罗小西。

林北北有些莫名其妙，有些不理解罗小西为什么要瞪他一眼，可罗小西张大眼睛瞪他的样子却怎么也挥之不去。

撕下纸条的那个笔记本，是以前转学的好朋友送的，林北北特别宝贝从来都没撕过一页。

晚上躺在床上的时候，透过窗帘看着对面隐隐约约的灯光，又瞅瞅手里缺了半页的笔记本，林北北意外地红了脸。

他觉得罗小西其实也挺可爱的。

4

林北北是罗小西来到新学校之后第一个讨厌的人，第二个是又矮又胖却老是高傲的仰着头专门叫自己起来回答压根不懂的问题，让自己当着全班同学出糗的数学老师，第三个是夹杂着方言说着罗小西听不懂的普通话总是在上课铃声响起就关住学校大门，将罗小西留在校门外挨训的门房大爷。

罗小西也不懂为什么林北北会排在数学老师和门房大爷前面，成为自己第一讨厌的人，或许林北北并没有什么做得不对的地方。

可她就是不喜欢林北北，她讨厌林北北一脸对什么都不在乎的样子，讨厌林北北总是能在铃声响起之前跑进学校，讨厌林北北在上课睡觉的时候站起来却总能够回答出来老师的问题并且考试成绩还比自己好很多。

明明自己也一直都在努力，却连一点儿都不认真的人也赶不上。

最可恶的是，林北北竟然在自己回答不出来问题的时候嘲笑自己，亏自己还以为他好心帮自己来着。

罗小西长这么大什么时候被别人嘲笑过？看着林北北露出来的一口白牙，罗小西感觉如果不是在上课，她一定要好好教训一下林北北。

虽然她要比林北北矮上小半个头。

所以罗小西在和母亲一块出去散步回家正好遇到林北北抱着一箱啤酒瓶出来时，下意识就停了停。

罗小西的母亲一如既往热情地打招呼，林北北虽然不好意思还是硬着头皮说出来帮父亲扔垃圾。

两个人一问一答说了老半天，罗小西什么也没听清楚，只是看着林北北怀里的啤酒瓶鼓起了腮帮子。

哼，这么小就开始喝酒，果然很令人讨厌。

5

林北北是在午休的时候和同学打起来的，班主任赶到教室时，两个人正扭打得厉害，罗小西在旁边一脸委屈红了眼眶却隐忍着不让眼泪掉出来。

之后林北北被罚写了检讨，却很高兴。

因为他知道了一个关于罗小西的秘密。

由于午休的时间并不长，所以学校的习惯是大家就在教室里趴在桌子上休息。

林北北由于闹肚子所以回教室晚了些，却正好听到后排那个男孩儿对着罗小西指指点点，走近才知道他们在说罗小西是没爸爸的野孩子，林北北瞬间就爆发了，对着比自己壮出一圈的同学毫不犹豫伸出了拳头。

然后便出现了班主任看到的情形。

林北北才发现自己之前对罗小西的看法都是错的，他从来没有真正理解过罗小西，对罗小西所有的认知都是自己凭空推测。

比如说罗小西脑子很笨又不爱学习，比如说罗小西很任性嚣张跋扈又不好相处，比如说罗小西除了会瞪着大眼睛之外就一无是处。

现在发现，事实好像并不是这样。

6

罗小西心里有些纠结，不知道是因为什么，她突然发现林北北对她好了起来。

她明明记得从认识第一刻起，林北北就是对她抱有敌意的，用那种很谨慎的眼光盯着她，让她有些害怕只能够回瞪过去。

可最近似乎有些不同。

每次当她咬着笔想不出数学题的思路时，林北北就扔过来一张纸条，上面要么写着几个公式，要么就是几个简单的步骤，却让她一瞬间就恍然大悟。

放学的时候，总是能碰上林北北，要么走在她前面，总是找各种理由回头张望。要么就是远远地跟在罗小西身后，也不搭话，只是不紧不慢地在后面走着。

罗小西刚开始以为是巧合，毕竟两个人家在一起，可是好几次罗小西都因为值日所以回家有些晚，一回头还是能看到背后急忙躲起来的林北北。

林北北就这样突然闯进了罗小西的世界里，有些匆忙，有些慌张。

罗小西心里有说不出的感觉，可是她知道，这个滋味不坏。

7

林北北的父亲以前是位画家，多多少少有些高傲，不愿意工作，整天搞所谓的创作，妻子忍受不了他的坏脾气，在林北北刚上小学的时候就离开了父子俩。

林北北的父亲终于看清了现实，找了一份正经的工作，养活林北北的同时依然忍不住用酒来麻醉自己，下班的时候总是醉醺醺的。

林北北已经习惯了回家后看到一地空啤酒瓶。

自己也记不清楚是从什么时候开始打扫完一切后朝对面窗口露出一个微笑。

林北北突然记起来以前学过的《雨巷》，他总是想那个独自徘徊在雨巷中的少年是有多么寂寞啊，即使遇见了丁香般的姑娘，也不过是多增了几分幽怨。

而他，在人生这条悠长悠长的雨巷中，没有遇见丁香姑娘，却遇见了罗小西。

　　他还记得罗小西第一次见他时眼里的胆怯和毫不犹豫的反击，他们都是这雨巷中孤独而寂寞的同类。

　　可是他们遇见了，这雨巷，就不再寂寞。

我的罗马假日

Miss 鹿游

38摄氏度的艳阳下，记忆里的罗马城总是散发着大理石象牙白的光芒。百年之前的能工巧匠们在这座城市洒下的珍宝经过时间的沉淀，不断加深着它的底蕴。如果你好奇，可以去百度搜索一下罗马地标，即便小五号的字码，也要排出一整页的条目。我们只有短暂的三天时间留在罗马，不知道该如何将每分钟都掰开，才能看过这座城市的每一处美好。

逃离了游人如织的斗兽场和万神殿，一阵阵悠扬的贝斯和提琴的声音把我们引到了这座广场上，面积并不大的它，却让你不知该将目光聚焦在哪里，原来它就是罗马最美丽的广场。纳沃纳广场，那三座巨大的大理石喷泉的潺潺水声已经从遥远的地方传进了耳朵里，它们仿佛给这片小区域的气温都降低了好多，也让空气欢快了不少。广场上两座著名的喷泉都来自贝尼尼之手，而中间那座带着方尖碑的最高喷泉建筑，建于1651年的四河喷泉，更是巴洛克艺术高峰期的代表作。它代表了文艺复兴时代地理学者心中已知四大洲的四条大河：非洲的尼罗河，亚洲的恒河，欧洲的多瑙河，和美洲的拉普拉塔河。那雕塑上的人物肌肉线条清晰无比，大理石雕刻出来的棕榈叶子也仿佛在随风摆动着。

或许正是因为纳沃纳广场给人带来的艺术气息如此浓厚，这里也吸引了拥有各种拿手绝活的街头艺人们。拉琴的、吹萨克斯的、画画的、杂技的、表演印度漂浮术和假扮雕塑的……一时间让人眼花缭乱。大家互不打扰，也并不喧闹，只是顾着自己那一片小小的摊子，把这里当作舞台。这种现代艺术与古老建筑文明的交相呼应，让人应接不暇，也让人感慨，是多么强大的文明传承与保护才将它们如今完整地呈现在我们的面前。

　　而说起喷泉，最负盛名的要数罗马许愿池。这座高约二十米的喷泉建筑，是全世界最大的巴洛克式喷泉。自从在《罗马假日》中出镜，便吸引了世界各地的浪漫游客前来，人们从三岔路口的各个方向涌到这个台阶下面，只为欣赏这样一座雄伟的喷泉建筑。高大的海神驾驭着马车，被神话中的诸神围绕，他们站在一片凌乱的礁石上俯视众生，泉水从他们脚下的礁石之间涌出，又汇聚到一起。这座许愿池被雕刻的亦动亦静，带着难以言喻的壮阔。

　　如今这个景点无论任何时候都被游人围个水泄不通，而我们竟然挤到了许愿池的最边上，伸手就摸的到那水面。不知自己扔出的那一枚硬币会与哪一枚重叠起来？正在朋友闭上眼睛默念着愿望，准备将手中的硬币抛过自己肩膀的时候，其他人的一枚硬币却准准地砸到了她的脑袋，捡起来一看，竟然还是最重的一块钱硬币！摸着头上渐渐鼓起来的包，心里又气又笑，希望这只是自己的愿望将要实现的一个小插曲。

　　在罗马的最后一顿，我们像当地人一样，坐在街边的小酒吧，才仅仅是下午四点钟，便开始了一杯接一杯的鸡尾酒。红白格子的桌布上面，一只竹编的小筐里摆满了充饥的面包，免得让我们喝的太醉。小时候最喜欢的就是坐在窗边看街上人们的来来往往，看他们脸上的表情，猜他们要去的地方。如今在罗马，也是这样。人们都放慢着自己的脚步，或是你刚刚路过的那幢老房子，或许是即将来到的喷泉广场，可能还有随处都见得到的古老建筑雕塑，都让人忍不住驻足欣赏，出神许久。

如果雨巷不会寂寞

早已听闻意大利的治安很让人头疼，一个做导游的朋友带着一车游客去到罗马，竟然整个一个大巴车都被窃了去。于是我们四个女生走到哪里，都保持着企鹅取暖的姿势，背包都围在身前，时刻保持警惕。然而正是这最后的几杯酒，让我们毫无意识地放松了下来。享受过这一顿就着夕阳的鸡尾酒，我们正要起身前往西班牙广场，却发现一位朋友的手机已经凭空消失了，尽管她清楚地记得手机被自己收进了挎包的内侧。回去餐馆再寻找已经是无济于事了，抱着极其遗憾又懊悔的复杂心情，我们走向最后一个景点。

西班牙广场，抱有公主梦情怀的人们来到这里，是为了坐在大台阶上体验一回赫本在罗马假日里吃冰淇淋的那份优美和惬意吧。耳边响起了意大利小调，当你坐在这石阶上，好像空气的节奏都变得明快起来。台阶前一座喷泉里面，晶莹的水珠一直在跳个不停，偶尔有人上前用这清凉的喷泉水洗一把脸。这一座小舟喷泉，是贝尼尼父亲的杰作，由于特韦雷河的一次决堤，一只小舟被水推到了这里，他从而得来了灵感。小舟喷泉为这座人满为患的西班牙大台阶，倒也增添了不少灵气。

最爱的是夏天的夜晚突然吹来一阵清凉的风，这时候天色还没有完全暗下来，微微亮的橘黄色灯光和那天边渐渐深蓝的交接十分搭配。坐在台阶上，再舔一口手上清凉的意大利冰淇淋，一天的阳光灼烧和疲惫就这么轻易被愈合了。

后来你猜怎么着？几个月后的一天，我们已经回到莱斯特很久。朋友的邮箱突然多了一封来自意大利宪兵队的邮件。他们找到了丢失的手机，发现了手机上Facebook注册的邮件地址，于是将邮件发来，询问朋友能否出庭做证。遇到这样的事情，恐怕也是这辈子头一遭了，原来意大利宪兵队不只有颜值，竟然还能如此严谨认真……

一个人的一辈子，在这世界上的日子或许总能数得过来，可你却很难记得某一天的每一件事情。走在旅途中，它终于会把你生命中的这一天变成最为清晰的那一天，让你在这珍贵的二十四小时里经历那么多或许此生只有一次的难忘体验。让你从今往后再在哪里见到它，都觉得十分熟悉和亲切。

　　从罗马假日回到生活中，大概和影片中安妮公主的感觉十分相似。这样的一天，就像做了一个完美的梦，它却总有醒来的那一刻。可庆幸的是，我们总还是有美梦可以做的，不是吗？

紫茉莉·爱与哀愁

月下婵娟

054

在夏秋两季的傍晚，一整个星群璀璨的炎热长夜，或者是"秋风清，秋月明，落叶聚还散，寒鸦栖复惊"的夜凉如水里，那种叫作紫茉莉的草花总是在我的家乡小镇楚楚动人地开着，毫不吝啬地放出浓香。

这平凡草花的来历有着极其优美的传说。据说在很久很久以前，嫦娥奔月，不小心打翻了随身携带的胭脂盒，胭脂掉落在安徽省的天柱山上，天柱山是一个很有灵气的地方，第二天，清晨的天柱山漫山遍野地开满了胭脂色的花朵，所以紫茉莉也被人称作胭脂花。

我的家乡与安徽省的天柱山相去甚远，实在无从考据它是怎样山水迢迢地来到这偏僻的小镇，落地生根，然后年复一年开出来那般美丽的花。

我与这花朵最初的结缘源于我的某一位老师，那是个非常温婉优雅的女子。娇小清瘦的身材，长长的乌发挽一个低垂在耳后的发髻，不施脂粉，铅华洗尽，在那古老又安静的小镇学校里穿一身剪裁得体的长裙。——那时我念小学四年级，总觉得这位陈姓女老师无与伦比的亲和美丽，当然彼时我并不知道将她纤弱体态衬得如此窈窕的长裙其实叫作旗袍。

穿旗袍的陈老师教我们一群野得上天的十岁孩子语文，但学校里最调皮的男生都不会在她的课堂上喧哗。当她用诗一样的语气温柔地给我们讲李白和杜甫时，我忍不住要飞快地执笔把她说的每一句琳琅的话记在我粉红色的小本子上。她说烟花三月的扬州，让我们集体畅想"孤帆远影碧空尽，唯见长江天际流"；她说"落月满屋梁，犹疑照颜色"；她温柔地说"迟日江山丽，春风花草香"。我们顺着她纤白的手指望向窗外，几十双纯净的黑眼睛在那刻看见了春天的模样。

她总是能将枯燥乏味的课本讲得娓娓动人，清丽的眉眼望着叽叽喳喳小鸟一样的我们始终含笑。多年后我忆起她，犹记得年轻的陈老师面如梨花。

陈老师并不是土生土长的小镇人，她初来乍到时，没有谁相信一个年轻的女大学生能够留在这偏僻落后的小学施教。

几年过去了，她毫无怨言地坚持着。有人试探着问起她这遗世独立的小镇有什么好，让她这般背井离乡，背离繁华城市的千里奔赴。那时她立在斜阳里微笑，倾身下去吻一朵半开的紫茉莉花，淡淡地说："我爱这里风景好啊。"

生活平缓一如长河静流的小镇有关于这个女老师的种种传说，皆离不开一个才高八斗却英年早逝的少年。他与她大学同年，四载同窗。她深知他的家乡背临蜿蜒大河，老旧街道上铺着秦汉遗风的旧石板，浓绿的青苔爬满了斑驳的城墙。午后闪亮的街道上跑着狗，踢踏着拖鞋的少年晃过了街角的便利店……少年向她说起久不曾耳闻的鸡鸣："你知道的，在冬日霜白的清晨，它把我叫醒，梦断在恰到好处的地方……"

他还同她说起过小镇遍地开放的紫茉莉花，那草本的植物习性强健，枝叶婆娑，香气悠远，在铺满了红霞的黄昏开得格外动人。

"你愿不愿意同我一起去看看呢？"当年这小镇的少年这样热忱地问她。

没有人知道这个花朵一样的女孩子当时怎样回答，后来，后来就没有了后来。一场突如其来的疾病夺走了他的生命，据说在他最后的日子里他给她写过一封长信，矢口否认他对她不移的爱意，说起他的家乡，妄图用"穷山恶水"四个字打消她向往的勇气。他没有等到她来，在那个夏秋之交的季节，无限满足又无限遗憾地闭目而去。

有人告诉我，在那少年的坟墓上遍开这幽蓝如梦、惆怅又美丽的花。

仅仅只是迟了一时，便是迟了一世。陈姓女子风尘仆仆地拎着行李箱来到这素昧平生的小镇，她怀揣着满满的喜悦准备告诉他，要同他一生一世并肩携手看小镇蜿蜒流淌的河水，在有月亮的夜晚一步一步踏过旧街上的秦砖汉瓦，还有那些遍地开放的紫茉莉花。

我没有看见过她哭，当然彼时她已经从陈姓女孩子变成了我的陈老师。

我去过她的家，朴素清洁的小院子，我的陈老师在那里种了满满一院子的花。

许多年后我长大，读她教给我的每一首诗，想起她温柔地念："落月满屋梁，犹疑照颜色。"不知道为什么，在暗夜里慢慢湿了脸颊。

好一朵美丽的茉莉花，好一朵美丽的茉莉花，芬芳美丽满枝丫，又香又白人人夸。让我来将你摘下，送给别人家。

面朝大海，春暖花开

　　六年的东山生活卷走了一切的过往，时光真不愧为一位伟大的治疗者，他带走了你曾经珍惜的一群伙伴，又在时光的沿岸将另一群伙伴带给你，想来不管物也好人也好，都很难是独立的个体，这世间总会有和你志同道合的人。至于那位心下的少年，你要等，等到他栉风沐雨而来，无论有多久，你要相信，他一定会来。即便他不来，你也需要知道每一段人生总是有着不完美与完美同时存在，既然等不到，那就将心中的执念与怨恨放下。

面朝大海，春暖花开

黑泽雪

　　初春已至，暖风又起，来到东山已然六年，伟大的时光车轮滚滚，将人影憧憧碾压成渺茫齑粉，将记忆碧树凋落于西风萧然，也带走了我对这座小城的恨。

　　时间倒退，光影斑驳的画面，是我对东山这座海岛最初的印象。来到这儿，不过是因为父母工作调动所致，大人们总是如此，每一个决定都像是命运之神拿着自己的长镰收割他曾经种下的一棵棵幼苗，一茬茬被锯下，没有半分迟疑。羸弱的我在这场被收割的命运选择了屈服，告别了那座生我养我的城市，告别了曾经形影不离的好友，还有那位白衣清俊的少年。

　　从一座城市搬到另一座城市，对于许多人来说，并不算什么大事。但对于内向的我而言，这意味着孤独，尤其当你身处东山，耳畔每句都是可以让人分分钟感觉你和说话主人不是同一个国家的闽南语时，蛰伏的孤独猛兽便会趁你不注意猛不丁地在本就窟窿的心上咬上几口。青春期的我就身处在那样一个热热闹闹的人群中，耳畔交织着各式各样的闽南口音像是不可抗力一样将身为外来人的我推进孤独的深渊。起初。原来小城的朋友总会时不时地鼓励我、安慰我，那样的温情和曾经热闹的回忆陪伴我度过了无数个寂静的夜。可时光真是个可怕的东西，他不经意间就把你从曾经的人儿的记忆中抹去，原本热热闹闹的人们忽然四下散去各忙各的，整个世界仿佛只有我一人还在热闹的影子里无法自拔，那强烈的孤独感让我每一个夜晚泪湿枕畔，用尽所有的力气去咒骂与怨恨着东山这座小城。你瞧，多可笑，明明是人自身的原因却归结于一座没有任何表情的城市。可当时的我就是如此的厌恶它，厌恶到连这儿的每一缕泛着海洋咸湿气息的空气都让我觉得恶心。

可即使这样令我厌恶的小城，我却走遍了它的每一寸土地。倘若平心而论，东山真不输"东方夏威夷"之称，十二月的天气，阳光依旧明媚，海水冰冰凉凉，踏浪而行，风把我的头发吹乱，犹记得我和少年曾约定搭上东往的列车来看心心念念的海，如今我已经到了，可他却弄丢了在了时光彼岸，于是我在海滩写下他的名字代替，一笔一画，像在勾勒伟大的杰作，无情的海水卷走了那些痕迹，我继续写啊写，想要写满整片海滩。东山最美的时候大概是夏季四五点的时候吧，那时的我看见了日出，海平面的太阳就那样破土而出，金光万丈，不过几秒钟，仅仅几秒钟，它已经跨越地平线，神祇般凌驾于天地，只那么一瞬间，你会觉得世间万般苍茫，都不过如此。你也可以漫步于东山美丽的东门屿，在东门屿美景里，天地间是浩然的蓝色，湖水清澈透亮波光粼粼，周围环绕的山川像是身披彩线的绿色丝带，海面上时常有海鸥飞过，海边月牙形的沙滩一望无际，山的尽头处是一件小寺，隔绝于世，不落凡尘，想来这世间明明没有天堂，但东门屿的美却可以真真切切地让你看见天堂。海边的农家里常种着些果蔬与杂粮，清晨露水在花朵上娇艳欲滴，树林里有挂满果子的枝头和永远新鲜的小菜，偷摘些红薯，便可以在海边烤出人间美味，把脚丫伸进烤烫的沙子里，还可以体会自制的足疗养生。铜山古城的城墙上石痕斑驳，像是一位说书人见证并孜孜不倦地描述着岁月的流逝，古榕从城墙里长出，突破坚韧的石壁，被风霜所雕刻，被烈日所炙烤，却依旧顽强地长出自己的双手，夕阳在城墙边西下，晚霞把我的影子播撒在古榕的根系上，远处的山脉上点缀着万家灯火，目及更远，便于星光相连，极目便是整个宇宙。我曾经也见过这么美的宇宙，那是在心爱的少年的眸间，于我而言，那天地的星光都落在了他的眼里。我恨透这座城，也为了心间的少年，如果不曾来到这里，我不会和他彼此错过，可如果不曾来到这儿，我也不会将他永远铭于心间，得不到永远是最好的，它骚动着你的心，泛起一层层的涟漪。

六年的东山生活卷走了一切的过往，时光真不愧为一位伟大的治疗者，他带走了你曾经珍惜的一群伙伴，又在时光的沿岸将另一群伙伴带给你，想来不管物也好人也好，都很难是独立的个体，这世间总会有和你志同道合的人。至于那位心下的少年，你要等，等到他栉风沐雨而来，无论有多久，你要相信，他一定会来。即便他不来，你也需要知道每一段人生总是有着不完美与完美同时存在，既然等不到，那就将心中的执念与怨恨放下。六年前的我曾幼稚地怨恨过一切，那些琐碎的无奈与孤独将我变得愤世嫉俗，可如今我已然长大，人生苦短，东山风景正好，我愿放下心中的执念，面朝大海，春暖花开。

北方没有海

李欣荣

祁　海

祁海来到这个小镇引起了一场不大不小的轰动，因为祁海那张脸。镇子里的女人都调侃道："哎呀，真的是像从画里面走出来的电影明星！"那时，镇子比较落后，电影明星永远都是父辈的那几个，所以，祁海的脸也成了镇子里女人茶余饭后的话题。没想到，半个月后，祁海在小镇开了一个鞋店。镇子里的女人全都堆在了门口，发出惊叹的声音。"哎呀，真漂亮啊！就像电影里那个什么……什么国来着的商店……""哎呀，真是没见识，明明是法国巴黎，不懂就不要乱说……"店外的女人们喋喋不休着，祁海只是微笑，也懒得让那些女人去看或去摆弄那些对于她们来说简直就是天价的鞋子。

没有一个人问祁海为什么来这里，也没用人问祁海家是哪里的。虽然每天都会有叽叽喳喳的年轻女生来店里面看鞋，祁海也只是微笑，看起来温文尔雅又拒人千里之外。也许是祁海太过神秘冷漠，也许是店里面的鞋子价格离谱。渐渐地，祁海的店从门庭若市变成了门可罗雀。

祁海也似乎乐此清闲，从不因鞋子卖不出去而发愁。

但是，每天祁海最期待的便是展台玻璃上映着稚嫩的脸庞，那双眼睛透出的渴望让祁海欲罢不能，这也许是清闲中的唯一一点乐趣了。

素　素

素素想要一双鞋子，所以每每趴在专卖店玻璃上看展架台上的那双黑色小皮鞋——亮亮的金属搭扣用红色的丝带映衬着，一瞬间，鞋子的气质就体现了出来。再向下看去，精致标签上的数字令人咂舌，所以，素素也只是趴在玻璃上看看而已。

就这样，趴在玻璃上看鞋子已经是素素每天的必备功课了。可是，突然有一天，素素不再去那家店了。因为，那双小皮鞋已经在素素的脚上了。素素高兴地走在路上，小皮鞋发出咯噔咯噔清脆的响声。同行的学生不禁侧目观看，朴素的裤子下竟是一双价值不菲的皮鞋。关于这双鞋的来历，大家议论纷纷，但是得出的结果惊人的一致，这双鞋是素素偷来的。因为素素家庭贫困，这样价值不菲的鞋子除了班里镇长的女儿能够承担外，别的同学是想也不敢想的。于是，这样的消息不胫而走。有些女生竟然围住了素素，指着她的鼻子说她是小偷，并且发誓再也不要和她一起玩。素素的脸一下子就涨红了，生气地说："鞋子是在大城市工作的小姨给买的，如果不信的话可以到店里面去询问店主！"女生们一下子安静了，只是不屑地说了一句："像你这么丑的人，穿这么好的鞋子真是浪费。"说完便转身离去。素素也知道，没有人真的会无聊到去询问店主鞋子的去向。

可是，真的像素素说的那样，鞋子是在大城市工作的小姨给买的吗？没人会知道，没了素素，有人会知道。

祁　海

祁海没有事做，他看不到那张令他感到有趣的脸了，而且，他还损失了一双鞋子。

那天下午，到底是哪天下午，祁海不记得了，只记得那张脸的主人走了进来，指了指展架台上的黑色小皮鞋，怯生生地说："我可以试试那双鞋吗？"祁海依旧浅笑，帮她取下了那双鞋。她小心翼翼地穿好，不停地在镜子面前照，祁海竟难得地感到欣慰，真的是欣慰，奇怪的感觉。祁海总觉得少了点儿什么，说道："你等一下好吗？我总觉得有东西可以搭配这个鞋子。"

说罢，祁海便转身向另外一个展台走去，待转过身时，店里的人早已不见，一同消失的还有那双鞋子。祁海摇了摇头，想甩掉失落，喃喃地说了句："你若是喜欢，便送你好了……"像是自言自语，随手把红色绸带做成的蝴蝶结扣带放在了桌边。

自此，祁海再也没有见过那张脸。

素　素

一个月过去了，大家早已忘记素素的新鞋子了，同学们又有了新的话题。但是素素的心却无法平复，因为这双鞋子，素素连回家的路线都变了。可是，心里却总是少了些什么。鞋子也得到了，难得店主没有寻找追究。可是，心怎么总是空落落的。

许是店里又有了新的鞋子吧，总想去看看，可是又怕看到店主，他如果发现了怎么办。可是，不去的话，心总是无法控制地飞到那家鞋店。怎么办？真的想去，真的想去看新的鞋子。

最终，拗不过自己的心，素素做了个大胆的决定：暑假去邻镇卖冰棍好了，两个月总能攒下鞋子的钱，到时候还给他。于是，两个月的时间里，素素每天早上都早早地爬起来，跑到邻镇去卖冰棍，路途遥远，天气又热，可是一想到能去看新的鞋子，素素还是坚持了下来。两个月的时间，再加上省吃俭用的钱终于攒够了那双鞋子的费用。素素一大早就向鞋店奔去。

在奔跑的过程中，素素的脑海里竟然不是新款的鞋子，而是祁海那张浅笑而又拒人千里的脸。

一瞬间，素素全明白了。

祁　　海

在鞋店的门口，素素看到了祁海，将要离开的祁海。

素素踌躇了许久，踏进了那间早已收拾干净的店。祁海依旧浅笑，"你来了。"素素点了点头，飞快地把钱放在了桌上，红着脸跑了出去，祁海看着静静躺在桌子上钱，没有动，笑着拿起背包走了出去，仅仅两步，素素便追了上来，依旧怯生生地问："你还会回来吗？"祁海笑了笑，"不知道，我不知道为什么会来这里，自然也不知道什么时候会回来。"素素没有往下问，眨着双眼，泪快流了出来。祁海忙说："如果我没有回来，想要找我的话你就一直向北走，这样你就会看到我的。你要明白，殊途终会同归。"素素没有听懂，但还是点了点头。祁海转过身去，向北一步一步地迈进，每一步都是不舍，每一步也是放心。为什么总是那么复杂的感情。

"为什么总是那么复杂，为什么要绕的那么远……"祁海依旧浅笑，低声自言自语。

素　　素

我知道偷来的幸福不会长久。我知道每次的我对于你总是绕得那么远。

这样的我，你不知道。

这样的你，我同样是无从了解。所以……

我是素素。

谁是祁海?

北在哪里?

何日再追,何地再醉,似是故来。

面朝大海,春暖花开

我和老妈的后青春

按宇树

护城河桥上，我们就这样心照不宣走着。月光洒在我脚下，终于我瞥了眼她，"妈，你要是真让我复读，北京城最高的楼我都找好了。"

她顿了顿，头也没抬，"随你，但别到首都去给你妈丢人。"然后，我不再说话，连虚张声势的力气也没有了。好像从记事起，我总是异常乖巧地应允，任凭她给我操办一切，包括我的未来。

那是2016年，记得最后一门英语考完后我就预感考砸了。那种配不上自己的野心也辜负了所有的苦难的挫败感顿时涌上心头，回到家在她面前我不争气地一股热浪砸了下来。

她拍拍我肩膀，说没事的。可是我知道无论别人说什么，心里都会过不去的。可是我从来都没有想过复读。

七月，搬到新租的房间里，见我不开心她便似小女孩儿咯咯地笑道："你该不会是怪我吧。"见我不答话她一个人又幽幽说："行了，别心疼钱了。你初小那点儿成绩还都不是我用金子给你码出来的。"我哭笑不得，"你不心疼钱，你儿子我还心疼我一年大好光阴呢。"

这附近住的都是陪读的家长，她又有了说话的伴。这样也好，省得听她唠叨。于是乎每天都可以看见一群大妈自由穿梭我家，于是乎她去菜市场砍价的技艺又猛增不少。

复读生收费死贵而且还呈无限增长趋势，据她说每次都以为学校打劫来着。每次拿钱的场面一定是这样的，一边骂骂咧咧一边从钱包里掏钱，然后再多给我几十块钱，"想吃什么去超市买吧，垃圾食品也没有关系。"无一例外，每次都是这样。

我总是嚷嚷她做的饭难吃，但这一年下来我却被她喂肥了几十斤。吃饭的时候见我喜欢糟蹋粮食，她又顺势给我做思想工作。一般都是用她的童年饥饿史加上青年苦难史作为教科书，"你知不知道当年我……"按她的套路一般都是当年她吃的一碗水加两粒米熬成的粥而我现在吃着三菜一汤却还不知感恩。她不知道现在的学生最讨厌这些老掉牙的东西，依然乐此不疲地向我输出她没有新意却很真实的人生。

我一直以为她的那些说教都打水漂去了，就像初中化学老师教的那些对一个一心想要读文的孩子来说毫无意义的氢氦锂铍硼。后来有一次朋友一起聚餐，饭后朋友说没想到你这么实在，掉在桌上的饭会立马重拾到碗里，打包剩菜的时候不会觉得有什么不妥。

她现在做饭的味道一般都偏淡，我很是嫌弃，在我看来这是老的象征。直到有一天看到她从口袋里拿出一盒降压药，我一怔，她什么时候有了高血压我都不知道。后来我问她，她说其实自己当时也搞不懂，只是有段时间总感觉头犯晕。有一天医生说量一下吧，这一量不得了，高压一百八十多呢。她一旁风轻云淡说着，像是一个久经沙场的战士。

我听着很不是滋味，一边用手机查一边逗她"你倒是有多少大事藏着掖着啊快说来听听让我高兴高兴。"后来结果出来吓一跳，高血压必须一辈子都靠吃药维持，否则随时都会挂掉。突然想起了有一次我告诉她学校体检的结果是我的血压偏高，其实还是在正常范围。她紧张得不得了，硬是拉着我又去县医院测量了一遍。好像，好像也是从那次开始，她炒的菜熬的汤口味慢慢偏淡了。后来我高二住读的时候每逢她打电话过来第一句就是嘱咐我"少吃咸的少吃油的"，我从没有想过高血压会那么严重，她只是不想让我有一天也和她一样在中年的时候就要为健康担忧，所以她能做的只是最简单也最难的选择忌口。

　　高复时第一次大摸底考试，我考的分数足足比六月那场高考的分数多了八十多分，然后我向她炫耀。她一脸认真问我："你该不会是抄的吧？"我气呼呼不理她回房睡觉，她蹑手蹑脚跟了进来，"你妈只是觉得不可想象，如果这算是运气的话，那你妈真希望留着你明年高考时用。"

　　和她聊天真是无趣。一天我郑重问她："老妈，你有过青春吗？"她咯咯地笑，"难道我生来就是黄脸婆子。"我摆摆手，"不是，我是指例如暗恋、逃课之类的。"她一愣，"疯狂的事啊，有啊，不就是生下了你么，我现在都快要被你逼疯了。"

　　总觉得她有一种神一般的真知灼见，在这方面我从来不怀疑。果不出其然，接下来很长很长一段时间我都逃不出那个分数怪圈，而且是一次比一次差，一次次往下跌。在我低谷的时候，考出的分数比高考还要难看。一次次的她问我分数，我总是不好意思作答。她苍白的脸上挤出一丝笑容，想说什么终究还是什么也没说，我知道不管她说什么我心里都会过意不去。

　　后来，一次省模大联考回家后我实在绷不住自己的表情，吃饭的时候泪水洒到碗里。那大概是我吃得最艰难的一顿饭吧，想哭又不敢大声哭出来，彼此就这样沉默着，泪水将白米饭淹没，吃到口里苦涩十足。那越努力越吃力的挫败感至今回味起都觉得心酸……

　　那天晚上模模糊糊听到她给我爸打电话："让宇宇复读算是我这一辈子做过最不对的事吧，不然他就不会那么难受了。"说着说着她就哭了起来。自此以后，她不再过问我成绩。

　　后来每一次大考的时候，我总是咬着牙告诉自己一定要考好啊。我总是想一定不要让亲戚朋友打电话过来的时候让她感到难堪，一定不要辜负她对我这份期许。不为别的，就为她那么多次的隐忍与委屈。

　　可惜的是，当我终于可以告诉她我考得还不错的时候是在下学期开学的第一次武汉二月调考，距离我第一次凯旋的时候足足隔了半个春秋冬夏，让她等候了半年之久。我还清楚地记得当我告诉她我终于差不多可以够一本线的时候，她欢喜的样子，就像很多次她在淘宝里拼杀然后成功斩下一堆物美价廉的家用品时的表情。她眼里闪放的光芒就像一个小女孩儿得到了棉花糖一样开心，她夹着菜美滋滋地说："我就说宇宇可以的。"我知道为了这一刻她等了很久了，她其实比我还渴望这些，这些失败便万劫不复的岁月里缥缈的微光与倔强。

后来的时光有辜负有欢喜，但终究开始一点一点明媚起来，那些明暗交织的夜色与曙光开始一点一点构成的便是我与她短暂的后青春。

每天中午的吃饭时光是我们唯一的交流时间，她总是用力和我说她的那些还没有来得及完成的梦想，她的那些我从未听说过的岁月，她穷困却不乏快乐的童年。我总是像一个成熟的哥哥对淘气妹妹般漫不经心应允着。有时候感叹岁月真是神奇，岁月真是一场周而复始的循环，是什么时候我们彼此变换了角色，她成了妹妹，我成了兄长。

她给我讲她童年吃过的一种很好吃的大瓜梨，她爬上树摘下两只手都抱不动的大大瓜梨。她说完忙用手比画着，又挠挠头看着我狡黠地笑，"怎么会有那么大的梨，西瓜大的梨应该很少见了吧。"又嘟着嘴，"我妈妈种的大瓜梨会有那么大喔，真的不骗你喔。"我点点头，我说我信。

我觉得她是真的老了，越来越似孩童了。

她是真的老了，我和她一起路上逛的时候她会大喘气，在政府广场上看着一群大妈跳广场舞近乎着迷。她开始不记得事情了，头天给过的钱第二天又给一次，我说该出去锻炼锻炼，不爱运动的人老了容易得痴呆症。她一愣，"胡说，你妈才没老呢。"又摇摇头自言自语，"是老了，糊涂了。"

她是真的老了，年轻时追逐的事情开始看淡了。她总说不希望你和别人比。她说就想要你以后健健康康开开心心地过日子，平平淡淡的一辈子也挺好的。每次说完她又呵呵一个人傻乐着，我想也许这就是她给我构造的未来最宏伟的蓝图吧。只希望那个每天被分数打败，被试卷、英语完虐的愁眉苦脸的好好学生日后可以活得开心一点儿。

可是原谅当时的我太过脆弱绝望，异常敏感，总爱皱眉容易愤怒脾气很坏。她也变聪明许多，每天晚上会准备好热水，那时候只要是心情不好就会觉得自己很脏然后痛快洗一个热水澡，这样下来就会感觉自己好很多。

有一次考砸的我翻围墙出去游荡，我是真的快要崩溃了，积攒了那么久的怨气终于爆发了。我那时想如果我没来复读该是有多好啊，可以不用每天提心吊胆每天过这种疲于奔命的日子。记得那次我坐在一个大排档里点了很多串串，对了，还有酒。然后醉醺醺的我出去就撞到了她。

她愣了一下，然后和同行的阿姨装作若无其事地走开了。然后我傻眼了，我不知道该怎么去解释这一切，一切的解释在事实面前都显得那么苍白无力。我总是在想，有一个瘦弱的女人她那么晚了还去超市买菜无非就是想菜的价格便宜一些，然后有一天她看见自己最骄傲的孩子一副醉汉的模样出现在她面前……

可是出乎意料的是，那晚的事她再也没提。我想她是真的老了，糊涂了。

关于复读的记忆真的不多，都是和考试练习分数排名有关的。唯一印象深刻的就是下学期的时候，我眼睛视力直线下降，终于到了看不清楚黑板的地步。

她一口咬定是我玩手机看坏的，我没法辩驳，这大半年来确实在手机题库上刷了很多很多题。请假，然后她带着我去配眼镜。一路上自责，"要是你没来复读眼睛会不会好很多。"一辈子省吃节用的她在五花八门的眼镜里选了最好的那副，其实她什么也不懂，只是多年来淘宝购物的经验告诉她一分钱一分货的道理。

这期间验光的时候工作人员和她聊天，当问到我是实验班还是火箭班的时候，只是听到她平和地答道"复读班"这三个字。这时我在猜想她此刻的表情是什么样子的，失望？难堪？抑或是真的也无风雨也无晴。也是，这么多年来的岁月真将她打磨得不再有棱有角。

她是真的不会撒谎的，甚至有时执拗远胜于我。我记得有一次闹钟出了问题起床晚了，不敢去学校，怕挨批。我猜到班主任会打电话过来，便提前和她说好了以我生病不舒服为由。结果老师打电话来后她如实说了，她向我解释："老师那么用心，不忍心骗她。"

她就这么轻巧地解释，我却不知道该怎么向老师解释去。后来结果再次出乎意料，老师没让我罚站。也是第一次感受到说真话也可以PK掉一万句谎言。我回家给她说了这事，她得意道："要相信真诚的力量。"

关于饭后时光一般都是我抓紧时间午睡，她在一旁守着我。当然也有例外的，一次我们在争执一条公交线路图，记得那次我们各执一词吵了好久。我们两个就像丢失了玩具的坏小孩儿，不记得具体在吵什么，反正吵完后两人哈哈大笑起来。记忆中那次真的好开心，不幸的是笑声响亮最终引来整栋楼的投诉。

此后，也因此一战成名。

我给她念我初中时被老师夸奖过的周记，大多都是些很自我、发发牢骚的话："啊，好久没有吃罐头了，好想吃啊。"

她皱眉，"这都写的是些什么啊，小学生都不这么幼稚了。"晚上，放学回家，一瓶罐头摆在我床头。其实，我早就不吃那种添加剂爆棚的玩意儿了。只是，她永远都会那么笨拙却倾尽所有地给予我。

考完后收拾房子准备回家，一大堆认识的不认识的阿姨进房来有一搭没一搭和她聊着。她知道我感到不自在，下楼搬东西的时候对我说："长辈来了见了面要先打招呼，后面的事随你自己。不喜欢说话就不说话，但最基本的礼貌是要有的。不要感到不自在，做好自己的事，只要是对的，就不要觉得不自在。"

还记得以前我和她一起去邻居家做客，当被问到我到底是年级第七还是班级第七时。她抢着替我做了回答："当然是班级第七，宇宇哪有那么厉害。"事后我问她为什么撒谎，她笑笑摸着我的头，"因为我觉得就算你考班级第七也很棒啊。"

填报志愿的时候，她想让我大学就报在武汉，甚至劝我工作也留在那里，还一本正经地和我聊武汉这座城市的发展前途，在我看穿她的阴谋后她叹口气："随你吧，不过离家近点儿没什么不好。"我知道我在渐渐长大，我的未来自己也不知道会落在什么地方，只是唯一可以确定的是，我们彼此会越来越远。

她总告诉我说生活是不易的。但我知道当我觉得生活容易的时候，一定是有人替我承担了那份不易。

翻来那时的日记，是23号，也是高考成绩出来那天。日记里这样写道：高复的时候，我妈在离学校不远的花园路小区租了房子。白天她要到楼下的制衣厂忙活一天然后领着微薄的薪水，晚上回来时灯总是亮着，然后饭桌上是一碗热腾腾的肉汤……很多时候我脑海中总会浮现出这样一幅画面——寒来暑往，春去秋来，每天下午五点五十她准时在学校围墙外给我送饭，嘈杂又拥挤的人群里，她踮起脚尖瘦弱的身躯往前倾，递过饭盒笑着看着我也不说话。然后我总是回头去看她逆着人流离去的背影……真是抱歉，最后我高考的成绩还是有很多遗憾。

我还记得有一次我和她看《武林外传》时，突然我们都不说话了。那是夜幕下，吕秀才对郭芙蓉说："一辈子很短，如白驹过隙，转瞬即逝，可这种心情很长，如高大山川，绵延不绝。"

我想，那一次我们肯定也和吕秀才郭芙蓉一样，夜幕了，故事杀青了，可依然躺在回忆里，像岁月像高大山川，流过我们安静又炙热的青春，绵延不绝。

而余生，都是我们未完待续的后青春……

美人桥上过

温小和

糙妹子与萌妹子之间，多多少少总是有隔阂的

周日早上四时五十分，我准时起床。

我在完成一项伟大的工作，我在密谋策划一场浪漫感人的偶遇。顶着凛冽寒风，我站在桥上举目眺望远方的日出，呼啦啦的寒风灌入我的衣服里，冷得我发抖，冷得我嘴里上下牙齿打起了架。

所有的不寻常都有理由。冥冥之中一定有一种信仰，迫使我有勇气在寒风站上一个半小时，只为迎接一场并不盛大的日出。

呼呼风声中，我似乎听见谢浩玲的声音。

谢浩玲说："顾小美，你这种体型若穿了太多衣服，远远看上去，就像是个球，还一蹦一蹦的……"她说这话时语气软萌软萌的，眼睛里带着笑，眼笑得弯成了月牙儿，分明就是在消遣我。

对于这种容貌女神级别的人，我一向是没有什么好脸色的。

我又不是个肤浅的人，我不见色起意，所以我对她高贵冷艳。

因为我是个妹子，糙妹子与萌妹子之间，多多少少总是有隔阂的。

我生怕林修远远地把我看成一个球，我拿不准他是否深度近视。我一向很为人着想，所以我舍弃了柔软温暖的羽绒服，选择了甜美可爱的套头毛衣，我的奇装异服由此引来路人的频频侧目。

他们皱着眉瞧了我好几眼，匆匆离去之前，不忘给我留下忠告："妹子，风度很重要，温度也很重要，妹子你要保重身体，追男孩儿也不是你这样追的……"

他们恨铁不成钢，而我心里如同十五个吊桶打水。

我有点儿慌。

连陌生人都看得出我自以为隐藏得很好的心思，那林修……

我强迫自己镇定，"泰山崩于前而色不变"一直是我的座右铭。我手扶大桥栏杆，远远眺望着远处被雾缭绕的山峰。可惜那不是泰山，我还没有等到它崩，林修已经来了。

我是有眼线的人，我的耳目遍布全校各院。我知道林修每天都会晨练短跑，会路过这里，此时我出现在这里，野心与阴谋已经暴露无遗。

我想吸引林修的注意。

"顾小美，你在这里干什么？"他果真注意到了我。

真是想什么来什么，我期盼他快点儿来，可他一来，我已紧张得手心里出了汗。

一听这声音我就紧张，我一紧张就舌头打结，我舌头一打结就拼死说不出话来。事先策划好要说的台词全被我忘到九霄云外，我只能呆呆地看着出现在我面前的这张脸。

这张我从小到大仰望了无数遍的脸。

林修一身运动服，脸上还有因为晨跑而出的汗。他蹙了蹙眉，好像有点儿不开心，"顾小美，你愣着做什么，你说话。"

我最怕他皱眉头。我也最怕他对我不满或生气。所以我马上说话，只是我呆若木鸡，好半天才结结巴巴挤出几个字来："我……我来这看日出。"

我用手指着天边圆日，紧张得不敢看他，我盯着地面，誓要把地板看出一个洞来。

这不是我想要的。

我也想像谢浩玲那样长发及腰，笑容可亲，神色自然，用着一口虽嗲却让男生着迷的声调和任何人交谈。

可人与人之间的差别，就是这么大。

我穷得只剩下钱，可钱不能给我勇气，我永远都在面对林修的时候，紧张与烦恼。

她最习惯也最喜欢用着强硬的态度，来掩饰她心中对我深沉的爱

我在夜晚做了一个梦。

我梦见我变成了万人迷，走到哪儿都有闪光灯追寻着我。我明白日有所思夜有所梦这个道理，再这样梦下去我很可能会说出"哎呀我知道我自己很优秀""你们不要这么爱我好吗"这样的梦话，到时候被推门而入给我盖被子的顾总听到可就不好了，她会毫不留情地嘲笑我，所以我强迫自己醒来。

我醒得不巧，睁眼就看见顾总弯着腰，我们四目对视着。她的动作和表情都告诉我一个真理，她刚才极有可能是想大发慈悲地给我一个晚安吻。

我好想哭，原来我在家睡觉的这些日子，已被她无声无息吃了这么多口豆腐。

于是我抱紧了被子，大喝一声："顾总你想干什么？"

"没想干什么。"顾总没料到我突然醒来，她愣了一愣之后立马恢复正常，她是个女强人，事业有成，她用着对下属说话般命令的口吻道："顾小美，你晚上不好好地睡觉，无缘无故醒来做什么？"

她不是在怪我醒来，而是在怪我醒来的时机不对。我果真不机智，要不怎么会在顾总对我表达她深沉的母爱的时候醒来。顾总很腼

腆，我很善解人意，我于是闭上了眼，假装自己是梦游，假装自己没有识破她，我甚至好心地打起了呼噜。

她最习惯也最喜欢用着强硬的态度，来掩饰她心中对我深沉的爱。这一点我从她脸上一闪而过的绯红可以看出来。

她是个口是心非的人，这一点真是不好。而我很不幸，遗传了她的大半性格。我对林修也口是心非，我明明各种在意他，却非要装出不喜欢不在意的样子；我明明各种讨厌谢浩玲，却非要挤出笑脸来和她去逛街。

顾总敲了敲我的头，"顾小美同学，希望你能认识到你的错误，这样吧……"她想了想，在我脸上狠狠掐了一把，强迫我睁开眼直视我的错误。她大手一挥，"你交份检讨，就'如何避免再不合时宜地打乱顾总的计划'做深刻的思想检讨，一千字，明天交给我。"

她一笑，表示她对我很慈爱。

只有我知道这分明是假象。她不是真正地爱我，不然她不会因为亲吻不到我而因爱生恨，让我交检讨。

可我不敢反抗，虽说哪里有反抗哪里有镇压，可我一反抗只能是失败，还会迎来更强烈的镇压。顾总不但不爱我，她还压迫我，我永远都翻不出她的五指山。

她掌控着我的经济大权，我是吃泡面榨菜还是吃山珍海味，都在于她的一念之间。

我在第二天乖乖交了检讨。检讨中的我声泪俱下，捶胸顿足表示自己不该破坏顾总伟大的母爱计划。顾总很满意，她收下了我的检讨，顺带拍了拍我的肩，给我点了一个赞。

我很感动，我抱住了她的大腿，"顾总，这个月能多给我两千块钱吗？"

她一惊，一副不可置信的样子。

许久之后，她像摸着家里的旺财那样摸着我的头，亲切自然地对着我笑，"顾小美，你已经成年了，我无偿给你缴学费供你上大学已经是我对你的慈悲了。"

她把话说得太绝对，我一下子不想再装可怜。我也是有骨气的人，我站起来想夺门而出，可她在这时又开了口。

"你想要两千块去做什么？"顾总在我背后说。她肯这样说已说明事情有转机，她很可能会答应我的要求。我激动得不能自已，转过身去时她却已接起了电话，她在和经理商讨企业大事，她很忙，没空再和我纠缠，她只朝我挥了挥手，抛下一句："做个计划表给我看，我会考虑是否拨给你资金。"

她养活着我，我只能听她的话。

我蹲在书桌前，想着如果写下"我想给林修办生日派对"这样的话顾总会不会批准？思来想去我还是本着沉痛的心情写下"我想帮助需要帮助的人"这样伟大而又高尚的宣言。

在我的眼里，过生日的人都需要一个生日派对，我乐意帮助林修组织一个派对，给他一个惊喜。这样一想，我不算是对顾总撒谎了。

顾总是个有同情心的人，她非常支持我的想法。我一觉醒来，看到我的枕头上多了两千块。我心底里又喜又忧，喜我拿到了钱，忧我昨晚在睡梦中又被顾总吃了豆腐。

也罢，一个吻换两千块，说起来是我赚了。

我兴冲冲地兜着钱回学校去。我一掷千金，只为博林修一笑。我殚精竭虑为他准备派对，场地定下来了，蛋糕做好了，人都邀请了。派对开始，林修来了，我却不敢说幕后指导总监是我，我只是躲在人群里，借着切蛋糕的功夫偷看他。

谢浩玲在干什么？她赖在林修身边，说着"林修我为你准备的生日宴会你满不满意呀，我想吃蛋糕你帮我切好不好"这样软萌的话。

我嫉妒又愤怒。

我受她威胁，只能束手就擒

我不喜欢谢浩玲，她总缠着我，可除了谢浩玲，我没有别的朋友。

从小到大她都和我形影不离。如果有妹子热情邀请我一起去上厕所，谢浩玲会扑过来牢牢抱着我，用她哀怨而可怜的目光吓退那妹子，如同久居深闺的怨妇。久而久之，没有人愿意邀请我去上厕所，也没有人愿意在体育课上请我喝一杯可乐。

她大言不惭地说我们是同穿一条裙子的好姐妹，有福共享有难同当，但以我对她的了解，她对我只能有福同享，有难我自己当。这一点在我小学时她举手向老师举报我没写作业的时候就可以看出来。

我出丑的时候，她只会嘲笑。

第二天她热情洋溢地邀请我一同去逛街的时候，我冷淡而高傲地拒绝了她。她毫不气馁，只是在我转身的时候叫住了我。她说："林修也会一起去，顾小美你没看出来我是在给你们制造机会吗？"

我斜着眼睛鄙夷地看着她，"我一点儿也没看出来。"

"那是你愚昧。"她眼也不眨地伤害我的心灵。我说不过她，我只能忍气吞声。

我回家翻箱倒柜，我要打扮出最漂亮的自己去见林修。我试了一件又一件的衣服，由于我太过专注竟连顾总倚在门框上盯着我都未察觉。顾总斜着眼睛看我，"顾小美，你又想干什么？"

我被究竟穿什么好的问题折磨得头昏脑涨。我二话不说求助于顾总："顾总，我穿什么好看一些？"

"要我说实话？"顾总微笑着。

我一咬牙："说吧，我受得住。"

顾总诚恳地把我望着，"顾小美，说实话，你穿什么都不好看……"她一脸悔恨自责，"你现在长到二十岁，我也思考了二十年，你明明是我亲生的，却为什么一点儿也没有遗传到我天生丽质的优点呢，虽然不是我的错，可我也很自责内疚……"

那，那是我的错吗？

我就知道会是这个样子，她不嘲笑我才是反常，我面无表情地转身，"顾总你可以走了，慢走不送，走好再见。"

事实证明顾总是刀子嘴豆腐心，她再也看不下去我用毛衣和短裤乱搭。她捋起袖子亲自上阵，为我装扮起来。

只是……

我看着自己身上的连衣裙。裙子的样式和做工告诉我这裙子的年龄很可能比我还大。顾总得意地打量了我一眼，好心解答了我的疑惑："这裙子是我十八岁那年你外婆送给我的，果然好看，好看好看……"

她赞不绝口，我只能弱弱声地说："顾总，你觉得真的好看吗？我可以申请换一件衣服穿吗？"

她惊奇地瞪大了眼，"我房间里还有我十五岁那年穿的花布裙子，和十岁那年穿的灰色大衣，你看上哪件了，我可以免费送给你。"

算、算了……

她阴恻恻一笑，"你今天就穿成这样去赴约吧，我保证你的那个林同学会被你迷住的。"

真的会吗？

顾总是个有分寸的人，她走出我的房间对我说的最后一句话是："顾小美我丑话说在前头，我警告你，你要是胆敢把裙子换下来，我保证你往后半年都拿不到一分钱，你喝西北风去吧。"

我一下子哭了。顾总在商场上的叱咤风云如鱼得水都表明了她绝非善类，她一向说到做到，我受她威胁，只能束手就擒。

他们的风花雪月，都与我无关

我准时赴约，但我遮遮掩掩。

我认为我身上的这条裙子拉低了我的档次。

林修和谢浩玲一早就在咖啡店门口等着我。远远地谢浩玲便朝我招手，她用着温柔甜美的嗓音招呼我："顾小美，顾小美，我们在这儿呢，你快过来呀。"

我头皮发麻，但我无路可退，我只能小跑过去，假装对于自己的穿着毫不介意且很有自信。

可林修……

我以为他会热情向我打招呼，至少也会把我看上一眼。可他没有，他只是始终微笑着，深情而宠爱地盯着谢浩玲。

他对于谢浩玲有求必应。

她说："我们去逛服装店吧？"

他微笑说："好。"

她说："我累了……林修我们去咖啡店喝咖啡吧？"

他微笑说："好。"

她说："林修林修我忘了带钱包，怎么办呢？"

他微笑说："我也是，"转头便问我，"顾小美，你带钱了吗？"

我跟在他们身后，越来越觉得我只是身兼帮忙提袋子的仆人和自动提款机数职的无关人员。他们的风花雪月，都与我无关。

我知道我自己很可悲。我既不敢怒，却也笑不出来。

这一次不愉快的出行使我身心疲惫。我认为再这样下去我很可能郁闷着郁闷着便英年早逝，在咖啡店里我终于忍无可忍。我在他们对视着微笑的时候站起来义正词严表示："我必须回家了，我突然想起我还有很多事情要忙……"我打着哈哈，"比如和外星球人讨论一下进攻地球的计划什么的。"

我抓起书包便跑。谢浩玲叫住了我："顾小美，你不高兴了吗？是不是我哪里做得不好，惹你不高兴了？"

她的声音凄楚可怜而又自责悔恨，我还没来得及回头，林修已经好言劝慰着她："怎么会呢你这么优秀，顾小美肯定是因为家里有事才提前回去的……顾小美，你说是吧？"

他要我给出一个答案。我只能硬邦邦地扔下一个"是"。

我不能再待下去，再待下去我会被气死。

我一路跑出了家。顾总正在厨房里忙活，她破天荒地没去公司商讨她的聚财计划，而是围上了围裙假装自己很贤惠。她挥舞着锅铲翻炒着蛋炒饭，看起来很像那么回事儿，只有我知道等一会儿她炒出来的究竟会是什么东西。

什么东西也算不上了。

蛋炒饭会变成乌漆墨黑的焦炭。

我对她的厨艺表示担忧，但顾总显然不这么认为，她一直是十分自信的，于是她亲切慈祥地招呼我过去，誓死要我先尝尝桌上那盘菜的味道。

"好……好咸好苦，顾总你到底放了多少盐进去？"我蹦起来四处找水喝。

顾总毫不在意地继续施展她高超的厨艺。我亲眼看着她将整整半包白糖加入蛋炒饭里，于是我的指责变成了惊恐，我的不满变成了畏惧，我不敢再大呼小喝，我弱弱声地说："顾总，我求求你，你以后还是别下厨了好吗？我非常愿意一辈子为你煮饭。"

顾总依旧毫不在意。她无声给我传达了一个信息，我的请求注定得不到允诺，她固执地要把良母的角色扮演下去。我被她强硬按着坐在饭桌旁，她漫不经心地给我盛饭，"顾小美，你觉得咸和苦，对吗？"

我愣愣的，不禁点头。

"会不会是你心底里又咸又苦，才觉得我做出来的菜不好吃？"顾总捞起筷子往自己嘴里送了一大口菜，她眉头也不皱一下，而我满脸惊慌失措。

接着，她对我说："喜欢上不适合你的人，你注定要尝尝这种又咸又苦的味道。"

我只能一条道走到黑了

顾总是个过来人。她表示自己很有经验。

我一夜未眠。我想相信顾总的话，可我还是不甘心。我被谢浩玲的光芒掩盖了这么多年，我不甘心再次臣服。

我思虑再三，终究还是掏出手机给林修发信息："你睡了吗？"我想了想，还是署上了名，"我是顾小美。"

窗外的天色一点一滴亮起来，我趴在床上盯着窗外的天。我努力忧郁，努力让自己保持着四十五度望天的姿势，于是十分钟过后，我发现我的脖子又僵又疼。

我果真是老了嘛。我捶了捶我的脖子。

林修回复我："我已经睡了。"

这种拙劣的谎话我怎么会信，怎么能骗倒如此机智的我？我气不打一处来，"你别骗我了我知道你没睡，我只想问你一个问题，我可以问吗？"

发完我便继续忧郁地望着天，林修动作很迅速，一分钟过后手机已经震动起来，他说："不问最好，问了，也等于没问。"

我没看懂。我再三琢磨他是什么意思，可我似乎并不如我想象中的那样机智。

我很愚蠢，我还没看懂。

天彻底亮了，顾总在外面敲我的房门，她用着嗲起来要人命的嗓音召唤着我："顾小美，顾小美你该起床了哦，我给你准备了早餐呢，很丰盛呢……"

她每句话都带语气词表示她自己很萌，而我抖落了一身鸡皮疙瘩，我拉开门关切询问："顾总你是不是发烧了？"

我伸手便想去探她额头的温度。

她面上和蔼的笑容僵了僵，嗔怪地看了我一眼，"你这孩子不要这样啦。"

我打了个寒噤。

顾总太可怕，我只能逃到学校上课。前排同学用笔敲击桌子的声音唤醒了昏昏欲睡的我，她好心提醒着我："认真听课。"接着给我传来一张粉色纸条。

我心里一凛，粉色是谢浩玲最喜欢的颜色，因为她认为粉色能十分完美地表达出她还具有一颗少女心。我捏着谢浩玲传来的纸条，心想我是打开呢还是不打开呢。她肯定是来求我的原谅的，我是应该冰释前嫌原谅她呢，还是高贵冷艳地将纸条扔掉？

讲台上的老教授慷慨激昂唾沫横飞，我望见最前排的学生都默默摸了一下脸。

我深吸一口气，终于视死如归地打开纸条。

纸条上是谢浩玲娟秀可爱的字迹，她通知我："我和林修在一起了，你可以选择祝福我们，或者祝福我们。"

这分明是挑衅。

我深呼吸着，我不停地默念着我的座右铭：泰山崩于前而色不变，但此时此刻，泰山崩了，我已经变色了。

但我一向具有良好的修养。我只是微笑着将纸条扔掉，一下课谢浩玲便蹦蹦跳跳地扑过来抱住了我的胳膊，她趴在我的肩头朝我卖萌："顾小美，我们中午一起吃饭吧？"

我没说话，因为我眼睛的余光看见了林修站在教室门口。他分明是来接谢浩玲的。

我去只能做电灯泡，我讨厌电灯泡的角色。

我一脸正色地推开谢浩玲，"我不去了。"我抓起课本往外跑，"你们去吧，玩得开心点儿。"

我假装着大方，我愿意做好人成全他们，我乐意做救世主普度众生，但谢浩玲不给我这个机会，她拽住了我，状似天真无邪，"为什么呢，顾小美，你以前一直是和我一起吃饭的呀？你是讨厌了我吗？"

室外温度达三十五摄氏度，热火朝天，而我的内心激荡如海洋。又咸又苦的海水让我只想作呕，但我生生忍住了，并且和他们顶着炎炎烈日去校门口吃十块钱一碗的青菜面汤。

"顾小美，你有带钱吗？"谢浩玲起身去洗手间的时候，林修这样问我。

我正小口小口喝着面汤，闻言翻了翻书包，却找不到我的钱包，我只好诚实回答："没有，我忘了带。"

林修家境不好，这一点我是知道的。爱一个人就要爱他的全部，我不介意他很穷。可他此时面色十分难看，他对我说："我身上只有二十块钱，浩玲说她身上一块钱也没有。"

他不用再说，我已经懂了。

他和谢浩玲付完钱扬长而去之后，我只能默默蹲在店里，掏出手机给顾总打电话。电话中我涕泗横流，言辞恳切，我请求顾总屈尊前来救我。

084

我同时给林修发了信息，我说："林修，我比谢浩玲富裕多了，可以说我家里穷得只剩下钱了，你真的不考虑一下我吗？"

朋友妻不可欺，朋友夫同样也不可欺，这样做很不厚道，但我不介意。

我只能一条道走到黑了。

我们还继续做好朋友，你说好不好

顾总匆匆赶来，用十块钱换了一个自由的我。

而顾总出现的时候，我收到了林修的信息，他对我说："我们谈谈吧。"

在这之前，我从未想到过钱有这么多好处。

顾总的十块钱可以让面摊老板放人，换来一个自由的我。而我的钱可以让林修抛弃谢浩玲，让我得到一个他。

我做了一个大胆的决定。我带上了行李，和林修私奔了。我对他言听计从，他说云南是最适合私奔的地方，于是我二话不说订了飞机票，和他直飞云南。

可一下飞机我就收到顾总给我发的信息，她声严厉色地通知我，我的全部银行卡已被冻结。我不相信她会如此狠心，但事实如此，我从万贯家财的富翁，一下子变成了身上只剩下一千块钱的穷人。

我不敢告诉林修，我只能对他强颜欢笑。七天之后，我们终于花光了全部的钱。在我提出要找工作一边挣钱一边锻炼身体的想法之后，他觉察出了不对劲儿，他严肃问我："顾小美，你身上是不是没有钱了？"

我不能再骗他，我只能点头。

我以为他会笑着对我说："没关系以后我养你。"

可事实证明我太天真，林修直接抢过我的手机找到顾总的电话，他拨通了电话，对着电话那边的顾总说着："顾总是我一时想不明白，竟然和顾小美干下了这种错事，您放心我们马上回去……可是，没有机票钱了，您能帮忙吗……"

我沉默听着，突然觉得我多年在林修身上费的心思，还不如费在我家旺财身上值得。

他挂了电话，转头又对我说："小美，我们马上就能搭飞机回去了，你……"

我盯着他，"我不回去。"

他没有说话。

"我不回去。"我再次强调。

林修不是个好脾气的人，他一下子被我激怒，他站起来指责着我："你没钱私得起奔吗？要我养活你？我凭什么养活你？"

我终于不再说话。

我一路沉默，沉默着回到了有顾总和谢浩玲的这个城市。

我不想再说什么，我真真切切感受到了这个世界对我的恶意，我已经身心疲惫，不想再开口。想必顾总和我一样，她沉默地去飞机场接我回家，又沉默地给我做了蛋炒饭，沉默地盯着我，逼我全部吃下去。

不咸不苦，她的厨艺有长进。

我赞许地看了她一眼。她忍无可忍，掏出手机给我看她的银行卡转账记录，她恨铁不成钢，"顾小美你自己看，我让林修把你安全带回来，答应他会给他十万块钱，为了十万块钱林修就抛弃了你，这样的人还算得上是你的良人吗？"

的确不算，充其量只能是个过路的陌生人。

我用沉默回答了顾总，表示我同意她的看法。

顾总摸了摸我的头，如同她抚摸着旺财一样，她说："去睡一觉吧……"但话还没说完，门已被敲得震天响，谢浩玲在外面喊我："顾小美，顾小美，你出来。"

我叹了口气。果不其然，顾总开门后谢浩玲立即扑过来，她抱住我的胳膊对我眼泪汪汪，"顾小美你终于回来了，我好想你……"她作势要把眼泪擦在我的袖子上。

我连忙拍了拍她的头，阻止了她。

她对我说："我其实一早就觉得林修人品不好，他朝三暮四换女朋友跟换衣服一样，可你一直不信，我想着我跟他在一起，他肯定不出一个月就抛弃我，到时候你就知道他是怎样一个人了……谁知道你竟然跟他去了云南……"

她的眼泪啪嗒啪嗒沾了我一身。

她继续说："我和你是从小到大的朋友，我知道我这人不好，喜欢挑你的缺点，可我是真心把你当朋友的……顾小美，我们还继续做好朋友，你说好不好？"

我沉思一会儿，答应了她："好。"

我总算明白，亲情和友情是最好的相伴。

国 境 之 南

陈勋志

转眼到台湾已经一百天。

一百天前的少年手中提着笨重的衣物登上飞机，却不知隔岸的岛屿已经骄阳似火。当机翼划开高雄上空浅色的云层时他面对苏蓉的陆地默默赞叹。而现在我坐在大远百十七层的诚品书店里，透过落地玻璃看着八五大楼在黑紫色的夜空下发出耀眼通透的白，远处爱河将星辰搂入怀中，一切美好尽收眼底。

因为贪婪这里凉爽热闹的夜色，总是在查寝的最后一刻才回学校。任由眼睛和鼻子跟着装帧有致的书籍和夜市的香气走，捷运站的路线，公交的时刻表，这些早已了然于心，陌生的一切急不可耐地铺展开来，我却习惯得很快。诚品书店通常是我经历在夜市满满的饱腹感后常去消遣的地方，遇见林瑞诚也是在那里。被搭讪的原因是我手里拿着一本和金正恩有关的小说，还有张口让人感觉舌头没捋直的蹩脚台湾腔，林瑞诚是二十六七岁的青年人，穿着粉色的衬衫和卡其色的西裤，手中翻阅食谱一样的东西，奇怪的搭配却觉得妥帖。

他毫无戒备地凑近来，问我正在看什么。我倒是很喜欢他们这般直率的性格，于是大胆摊开书给他看，瞥见他手里捧着一本水果图谱。我说，你喜欢吃水果哦。林瑞诚说，是啊，我周日开一个有关水果的小小读书会，你要不要来。

林瑞诚的家是典型的台湾小宅，跟日本的房屋结构很像。他的妻子叫Sara（抱歉不记得中文名字），我一进门就看见Sara正在厨房择菜，这让我想起李安执导的《饮食男女》里的吴倩莲，眼神笃定动作干净，将耳边的头发绕进耳后的瞬间露出好看的钻石耳钉。Sara是高雄一所大学的营养学讲师，如今餐旅和烹饪成为台湾最炙手可热的专业，就像几年前大陆的金融和会计，Sara教营养学的理论，还要定时给大学生传授烹饪课程。注视的瞬间Sara抬起头对我一笑，问我喜不喜欢吃台湾菜。我说最近我瘦了很多，因为台湾菜太清淡吃不下。Sara就哈哈笑起来说，如果有人在台湾用地种辣椒的话，估计会被饿死吧。

我也笑起来，看她熟练地将青菜从煮沸的锅里捞出来，如果再晚一秒钟，营养就会流失很多。不过就算如此，我还是很讨厌丝毫没有味道的烫青菜。

戒骄戒躁这个词用在台湾菜上，就变成了少油少盐。一年四季炎热的天气容易让人暴躁，所以食物清淡容易让人稳定情绪。就连便当这种东西，在用油和热量上，都是经过精心计算的，现在想起，在便利店所有的食品包装上，都会标上卡路里含量。当然，爱吃的妹子可以视那串数字而不见，但是作为一个每天在食堂吃饭并且对面墙上贴着"正常人一天所需热量为两千大卡"的画报的人，只要在购物时用一秒钟粗略算下，估计也能感受到现实的凶残了吧。

刚才讲到便当，其实和饭盒是一种东西。但是因为叫法不同，所装的容器也不一样，便衍生出了另一种格外微妙的情趣。我还记得我和几个台湾的同学到西子湾看海，西子湾的沙子是黑色的，像是火山喷发后的余烬，但质地却格外柔软。西子湾与对面的旗津岛遥遥相望，海风送来嘴边的咸味，不远处高雄港口传来安静漫长的号角声。一起来的两个女生从包里拿出准备好的便当，便当盒是清爽的木头质地，上面还有海浪似的纹路，打开来只是普通的食材，猪排、香肠、卤蛋，还有随意摆放的西兰花和高丽菜，却让人觉得非常舒服。微风还未散尽，夕阳快要铺展到头顶，我们坐在离海边不远的观海木凳上，觉得像钻进了二次元的世界里。有便当，有陪伴，眼前是一生都难以忘怀的美景，突然很不争气地觉得人生还有什么可求，那是第一次，因为便当而感动。

再见到Sara是在她所在的大学里。第一次见面之后我们总是在社交软件上有一搭没一搭地聊天。继上次彻底放弃烫青菜后，我基本靠蔬菜沙拉来补充纤维，和风酱、千岛酱、凯撒酱信手拈来，一叉子菜叶塞进嘴里不成问题，Sara叫我来听她的课，顺便给我弄好吃的。我的学校到她那里林林总总有一个小时的车程，在台湾，半个小时以上的车程被认定为"长途"，一个小时是会让很多当地人抓狂的时间。但是在捷运（类似于地铁）上我却觉得心情明朗，之前以为捷运一直行驶在地底，没想到这几站捷运开到了露天站台，一路上是成片的低矮房屋和错落的街道，偶尔还看见洁白的猫，像日本电影里的桥段，我很喜爱。

这天恰好是五月二十日，Sara的班级在举办"凤荔传情"的活动。五月时节刚好是凤梨和荔枝收获的时节，用这两种水果制作各式的蛋糕或拼盘送给身边的异性或者同性，来表达自己的心意。我看着大一新生嘻嘻哈哈地穿上厨师服，摆弄手中精致的小刀以各种各样的方式切开手中的水果，Sara在边上细细注视着，她说她在这里教了四年书，每年开学的时候都会做个小调查，问餐旅系的学生最想学什么菜，还有理由。当然最后每个人的答案都非常不同，但是有一个共同点是，在理由那一栏，大部分人都会写"因为某某某最喜欢吃这道菜"这样的话。

看吧，有时候饮食并不是自私的，反而是无私的，Sara说道。末了，她给我一盒自己做的凤梨酥，当然是加了荔枝的那种。一块块淡黄色的糕体，散发微热的气息，像是采摘了一片酥软的天边的云，背景是互相大胆传情的学生们。

饮食并不是自私的，这句话倒是意味深长。此后我去了台南、台东、花莲还有宜兰，以及更多的地方，有的时候一去就是四五天，都是和我一样的交换生拼车。大家素不相识，因为对美景的向往而熟悉，吃过有名的食物，比如担仔面、肉臊饭、古早味，也吃过深巷包子铺里的包子，沿海公路边的柠檬茶，或者原住民的手抓饭。大部分的味道都不习惯，看着大家一起对着眼前的食材挤眉弄眼或者小声埋怨，却觉得非常享受，于是吐槽过后大口吞咽，匆匆上车奔向下一个地点。正是因为有了这样的分享，所见的海阔天空和感动才不会遗憾。

这一路最大的收获，应该是一个人无畏地上路，勇敢地搭讪，毫无顾忌地畅饮。临行前交换生的小聚，我们几个男生很作死地去了一家叫"香草作坊"的火锅店，汤底选的是柠檬汤底、昆布汤底（昆布是海带）、奶油汤底和生姜汤底，我们一个个吃得愁眉苦脸，倒是很映离别这个主题的背景。之后坐上了摩天轮，看着眼下这一番安静闪耀的夜色，侃侃而谈的大家渐渐沉默了。

突然有个男生说，刚才的生姜味回味起来，有点儿甜哦。雍容的流光溢彩透过摩天轮的窗户照射进来，我喉咙里因为刚才的柠檬汤底早已酸得说不出话。

栗子蛋糕融化在流年里

　　女生笑了，"接店的时候，那个挺漂亮的小姑娘让我帮忙，跟每一个买栗子蛋糕的男生说，她以前亲手为他做的栗子蛋糕，用的都是最好的材料。那个女生真的很好，是很喜欢一个人吧，可能是因为结巴被拒绝的吧，不然哪儿还能挑出缺点。我家的栗子蛋糕就是她手把手教会我的，她说以后那个男生想吃的时候可以再吃到。"

饮 食 男 女

蓝格子

我是安徽人，位于尴尬的中间地段，被广东人怀疑不是南方人，然而冬天不供暖的事实让我又无法承认自己是北方人。

所以，安徽的饮食也是不上不下，南北皆有。既包含南方的精致小巧，又不缺北方的大气恢宏。

可我最爱的莫过于一碗普通的凉面。

那是高中的味道。清晨天蒙蒙亮，学校门口的摊贩早就热闹了起来，专注于自己面前的饮食，双手灵动，仿佛万众瞩目正站在舞台上表演的艺术家。不时会有学生走过来，像相识已久的故人随意用手点了点，稍等片刻便可以收获到一碗美食。当然在进入学校之前，自然要对食物进行伪装。用大大的红色塑料袋包着拎在手上，看似淡然无畏地走过去，内心却不知拐过了几个弯，生怕门口的保安叔叔突然发现而葬送了一顿早餐。

当然，在这之中，凉面是最难伪装也是最难买到的。凭借着可口的味道和多年形成的人际基础，常常等我慢悠悠踏到门口时，那里已经挤满了人，看不清脸，只听见嗡嗡的声音不停在耳边回响，不时会有人伸出手接过等待已久的食物，然后在他人艳羡的目光中决然而去。辣油与凉面相融在一起，碧绿色的海带和乳白色的腐竹作为点缀摊在上面，着实让人胃口大开。继续等待的人只好一边嘟囔一边看着手表埋怨时间匆匆，还有甚者也在此刻做出了"明天一定要早起"的誓言，当然你也能很轻易地发现明天站在同样地方抱怨的依旧是这群人。

那为什么大家都不放弃一直选择等待呢？我有思考过这个问题，也征询过大家的意义。出乎意料的一致，在水深火热的高三时代，美食无疑是心灵最好的慰藉。也只有在等待的那十分钟里才能有机会真正放松自己，思考一下未来的方向，想念一下心中的人儿，甚至于只是放空一切简单地打个盹。

是的，我的高三除了呼哧呼哧不停转动的风扇，除了满天飞的空白试卷外，剩下的就全是凉面的味道了。偶尔懒床，也会睁开眼迷迷糊糊发去信息托朋友帮忙带一份凉面，在进入教室时看到桌上的食物会心一笑，对着某个方向轻声表示了感谢。

就在这一天天对早餐的渴望中，在与他人的谈笑风生中，高三呼啸而过。高考结束的那一天天好像都蓝了一分，可惜身边的熟悉的脸却开始模糊起来。毕业时相约一起去吃凉面的愿望至今还未实现，六月一别，竟不知真的是天涯与海角。

而后，我来到了湛江。以清淡出名的广东小城自然没有我内心中期盼依旧的美食，以凉面之名的它也不过是一碗清淡的小面，再也没了高三的气息，甚至感受不到友人相伴的温暖。也时常跑出校门去品尝网上推荐的美食攻略，可惜大多都是失望而归，偶尔几次的愉悦也不知该和谁人分享。每一个落寞的夜里，最思念的莫过于那一碗喷香的凉面，以及正处于最好青春的我们。

常常与友人聊天时提到这个，一起回家吃凉面的愿望也不知说了多少遍。然而岁月不留人，过去的就再难挽回。我们再没实现这个简单的愿望，也再没有全部人完整地聚在一起聊聊生活谈谈未来。

吴侬软语，南北饮食，每一碗面里都饱含着家乡的气息。

如今我在这里，和这座陌生的城市相拥，希望一切都朝好的方向发展。可我又多么希望能早日回到故乡，那个有爱恨有男女有饮食的小城。

仅仅只是和你坐下来，一起吃一碗凉面。

栗子蛋糕融化在流年里

青春留白

亚小诗

小 裁 缝 店

夏已近尾声，天气闷热依旧，穿白色校服上衣的学生们从校门涌出，放学了，还是周五下午的放学，这真是个美妙的时刻。

林潇菲家住得很近，学校右侧的第二条巷子里有一家小裁缝店，那就是她家，平常只有她和妈妈两个人住。林潇菲就读的高中是全市最好的高中，妈妈在她升上高一的那一年开始，就从小县城来到市区专职陪读，在学校附近租下了这家店面，贴心照顾着她的饮食起居，顺便做点缝纫的工作贴补家用。

林潇菲的爸爸在外地工作，逢年过节才能见面，老家还有个爷爷，见面机会也不多。爷爷是快退休的护林员，住在山中的小屋里，工作是看好一片小型森林的珍稀动植物。山里的空气很好，像个世外桃源，爷爷是乐活派，喜欢自己的工作，也热爱着生活，是潇菲眼中既尊敬又羡慕的山中老神仙。

"妈，这周末功课不多，我想回一趟老家看望爷爷，我想他了。"晚饭时，林潇菲说道。

"怎么突然这么想爷爷啊？也不见你说想爸爸。"妈妈似乎有些吃醋。

"今晚的鱼蒸出来特别好吃，爷爷肯定喜欢，他那么爱吃鱼，可惜山上不容易吃到，下山他又嫌麻烦。"林潇菲扒了一口饭，接着说道："爸爸也想啊，只是没有爷爷那么想，毕竟我是爷爷带大的，而且，爸爸好远哦，想的话也无法短途坐车去看到，去了他也不一定有空陪我。"林潇菲说着说着声音就变小了。爸爸常年在外工作，使得父亲角色的存在感渐渐模糊，她对此还是有些埋怨的。

"爸爸也是为咱们好啊。"说完妈妈有些语塞，她赶忙说了点别的来防止尴尬，"想看爷爷就回去吧，我这次就不回了，要赶制两套衬衣，客人急着要。吃完饭拿些钱给你，上山前带点儿蔬果和肉食给爷爷。"

"嗯，好的。"剩下的时间，母女二人都闷头吃饭，没有再说一句话，爸爸果然是个敏感话题呢，"他为了我那么忙，忙到我都忘记想他了。"林潇菲心里嘀咕道。

山中小屋

周六一大早，林潇菲就收拾好出门了，只在山上住一夜，东西带得并不多，小书包足够装下所有。

市区到县城老家要坐两个小时火车，然后花五块钱坐上一辆小摩托，不一会儿的工夫就可以送到小森林入口的山下。林潇菲家在县城也有房子，这两年没人住就租了出去。爷爷不愿意来市区，也不愿意一个人住在县城的房子，他就喜欢住在山上看守着森林，整山的鸟兽虫草都是他的邻居。

山上信号还是不错的，爷爷的小屋里有一部座机电话，爷爷头一天晚上知道最爱的小孙女要来探望自己，清早就在田野间采好了花插在进门桌子上的一个玻璃瓶里，这是每次必有的小礼物，有时林潇菲还爱别上一朵在发间，活脱脱的一个小村姑。

爷爷此时并不在屋内，他出去巡山了，他的工作几乎不会被人查岗，一切都靠自觉，他也从不偷懒，不分上下班时间，巡山是散步，看动物是算数，看树木是阅读。

爷爷也并不像其他的护林人一样，年轻力壮配备枪支，这里民风淳朴，大家勤劳致富，盗猎和偷取珍贵植物的事情几乎不会发生，与其说爷爷的工作是看守，不如说，是当地部门给独居的园林老干部一个安居的小福利。

爷爷没有手机，思亲心切的林潇菲决定进林子里去找找爷爷，这是他们从小到大的捉迷藏游戏，现在是她找爷爷，小时候，一般是爷爷找她，别的小朋友在家里玩捉迷藏，只能躲在柜子里，桌子下，她可以躲在树上，躲在山洞里，相比之下，她觉得自己真的比别人要幸福太多。

林潇菲看了看时间，十一点差五分，离爷爷回小屋大约还有半个小时，她放下行李，打好米，插上电饭锅，门虚掩上，就出门找爷爷去了。

白 衣 飘 飘

林潇菲今天穿的是校服，不是因为没衣服穿周末还穿校服，单纯只是特别特别喜欢校服，白色的衬衫上衣，下面是五分长的百褶小黑裙，鞋子是妈妈特意帮她搭配的黑色娃娃鞋，简单的搭扣，也没有多余的装饰，再穿上白色的袜子，活脱脱是动漫里走出的日本高中生。

当然，这不仅仅是林潇菲喜欢校服的原因，还有一个很重要的原因是，她的校服跟别人的不一样，她的校服胸前有妈妈亲手绣的学号和姓名，为什么亲手绣？因为林潇菲这个大马虎啊，经常会把学校的胸牌搞丢，丢了好几个，妈妈干脆把名字帮她绣校服胸前，一弄不丢，二还挺好看。不仅如此，潇菲妈的手工绣学号业务还发展得很好，许多同学都找到她家缝纫店来，收费也不贵，许多人都想拥有这样一件"私人订制"的校服上衣呢。

今天天气不太热，森林里还有徐徐微风，寻找爷爷的林潇菲走在绿色的林间，风吹动着她的衣裙，歌里唱"那白衣飘飘的年代"说的就是这样的吧。

林潇菲站在一处较高的山坡上，往林间望去，虽是小森林，却也有着满目的一望无际的绿色，爷爷的身影并没有发现。

林潇菲一向就是女汉子，大嗓门儿自然是与生俱来的标准配置，她清了清喉咙，大喊一声："爷爷！我回来啦！"喊完她自己又觉得好笑，觉得这似乎是葫芦娃的台词，可惜自己没有千里传音的本身，暂时没有听到哪个方位传来爷爷的回答，只有自己这略微彪悍的喊声，在森林里回荡。

林 中 初 遇

在林潇菲打算从山坡上下来，继续寻找爷爷时，一个声音从她的左下方不远处传来："麻烦你先不要动！"

林潇菲被这突如其来的声音吓得一颤，在还没有在视野中找到这个声音的来由时，她心里有些复杂：这不是爷爷的声音，这林子里一般也不会有别人，叫我不要动？为什么不要动呢？难道他是个盗猎者，他手里有枪？林潇菲根本不敢再想那么多，也不敢往声音的来向看，只是突然从慌神中惊醒，小鹿般逃跑了。她以最快的速度，选了离爷爷小屋最近的路，慌慌张张跑回了屋内，一进屋就把门反锁，然后瘫软地坐在了门边的地上。

她喘着粗气，想不到这么悠闲的森林里如此危险，气定后，她突然想到自己跑了，那爷爷碰见这偷猎者该怎么办啊？报警！对，报警。她赶忙从地上爬起来，在她拿起桌上的座机，正要按下110的时候，门被敲响了。

"是潇菲回来了吗？怎么把爷爷锁外面了？"是爷爷的声音。

林潇菲喜出望外，赶紧放下了电话，给爷爷开了门，看到爷爷没事，她也就安了心。她赶忙说道："爷爷，林子里好危险，我要带你离开这里！林子里有猎人！"

"傻姑娘，说什么呢，这里已经好多年没有猎人了，老百姓基本上没有私藏猎枪的了，这里很安全。"爷爷反倒是完全不担心。

"爷爷，我刚才碰见猎人了！"林潇菲坚信着。

"哦？在哪儿？"

"在邻河的那个山坡上，我在那里喊你回家，转身离开的时候，有人让我站住别动，我不敢回头赶紧跑了，那应该是个猎人，他手里头可能握着有枪。"林潇菲回忆起刚才的一幕，心头仍觉得紧张。

爷爷虽不相信林中有盗猎者的存在，但为了打消孙女的疑虑，他还是决定带孙女去刚才的地方看一看，可是林潇菲坚决不同意，"不，那太危险了，我们俩手无缚鸡之力，况且现在他肯定撤离了刚才的地方。"在林潇菲正想着怎么办的时候，她的肚子不争气地咕咕响了起来，爷爷笑嘻嘻地说："那先做饭吃吧，不能饿着我家宝贝孙女。没事的，林子里很安全，喊声可能是个问路的人，最近有个年轻人来这里采风，风景太好了，只要他不搞破坏，我也就不拦人了。"

肩上夕阳

又累又饿的林潇菲，午餐后便开始睡午觉了，一睡就几乎用完了整个下午，醒来时，夕阳的余晖洒在屋内，橘色的，很是漂亮，任何一种高贵的地板都没有这种颜色的地面好看。

爷爷真是个大忙人呢，此时的他依旧不在屋内。

夕阳太美，促使中午刚被惊吓过的林潇菲走出小屋，走到一处开阔的草地，闭上眼睛，沐浴在林中的夕阳下。

依稀听到什么方向响起了音乐：

那白衣飘飘的年代

当秋风停在了你的发梢

在红红的夕阳肩上

你注视着树叶清晰的脉搏

她翩翩的应声而落

……

这歌真好听，爷爷放的收音机吗？林潇菲睁开了双眼，朝着音乐传来的方向走去，只见林中的河边有一个背影，那是一个面对油画画板坐着的人，好奇心促使林潇菲走近，又不忍心打扰对方创作，她慢慢靠近，然后在大约两米处停下，静静地欣赏着眼前精美的画作。

音乐是画画人身旁的一个小播放器传来的，她发现这首歌正被循环播放着，而这位画画的人，手里握着画笔，却似乎很久没有动过。

林潇菲觉得这幅画好像哪里不对，她定睛一看，天呐，画的左上角，不就是刚才自己站着喊爷爷的小山坡吗？画中那个不大但足够看清的白色身影，不就是自己吗？可惜只画了一半。

画者大约察觉了什么，回过头，看到了在自己身后发愣的林潇菲，他也有些惊讶。

"哎呀，吓到你了吧，抱歉啊，只是不忍心打扰你创作，我在这站了有一会儿了。"林潇菲连连道歉。

"是你啊，没画完你就跑了，整幅画一下午都空着。"他似乎有些失落。

"啊？刚才让我不要动的是你啊？我还以为是猎人什么的，想太多了，抱歉。"林潇菲顿了顿，接着说："你画的是我啊？没画完那要不我接着站回原来的位置去给你画？"林潇菲为自己的行为感到愧疚和尴尬，想尽力弥补一下。

"不用了，我下午没有接着画不是因为你走了，而是，风景画完了，人物只画了一半，主角跑掉的画，也挺有味道的，你让我想到这首《白衣飘飘的年代》，这光这风这水都特别美，我喜欢这个感觉，我坐

栗子蛋糕融化在流年里

在这里不想离开。"

此时，林潇菲才定睛开始打量眼前这位画家模样的男人，他大概上大学吧，或者大学毕业不久，总之还挺年轻的，虽然人坐着，但能看出，他个子挺高，穿着随性的衣服，油画上色彩很多，可他身上一滴颜料都没有沾上，地上放着颜料和折叠水桶，颜料下面还铺了一张布，看得出来，他是个很细心的人，不想污染一点点环境。

留　白

"你是画家吗？你叫什么名字？"林潇菲不知怎么就挤出这句话，虽然女生主动问男生名字有点儿奇怪，但这也不失为一个打破尴尬的方式。

"不是，只是一个油画爱好者，我叫刘白。"对方回答后，并没有反问林潇菲的名字，她感到有点儿失落，觉得他不仅缺了一丝礼貌，还对自己全无兴趣。

"你名字挺好听的。"刘白说道。

"你怎么知道我叫什么名字？"林潇菲很惊讶。

"喏，你衣服上绣着呢，绣名字，好别致的装饰。"刘白说道。

"你名字好简单啊，有什么来头吗？"林潇菲一直是这种想什么说什么的大大咧咧性格，似乎一点儿都不考虑自己的话是否失当。

"我的父亲是国画老师，刘白音同'留白'，留白是传统绘画的一种境界，讲究着墨疏淡，空白广阔，以留取空白构造空灵韵味，给人以美的享受。留白讲究的是美却不完美，既有热情又掌握热情，若热情过度，势必烧灼美的空间，父亲希望我的人生和性格都能如此吧。"

"虽然不懂，但是感觉好有味道呢。"林潇菲傻乎乎地称赞道。然后她接着说："你经常来这里画画吗？我第一次看见你呢，我的爷爷是这里的护林员，我放假经常来山里看他。"

"来了五天了，这是我待在林子里的最后一天了。"

"要走了吗？你这幅画还没画完呢。"林潇菲说道，她似乎在试图挽留。

"画完了，这就是一幅主角跑掉了的画，匆匆一抹林间的白色，白衣飘飘的少女，没画完却表现出了主角的羞涩活泼。"

林潇菲微微脸红了，虽然她分不清刘白是在夸她还是在夸自己的画。

"你在这里五天，还画了很多别的画吧？可以给我看看嘛？"林潇菲问。

"不必了，那些都是千篇一律的东西，没什么可看的。"刘白比较谦虚。

可是林潇菲实在是个好奇心过剩的人，她擅做主张地主动走了过去，翻开了画板，想看看里面的画，而刘白被她这突然起来的举动而惊住，一不小心，手里的颜料盘挨到了林潇菲的身上，白色的上衣，蹭上了一块足有拳头大的油彩。

真是出糗到家了，林潇菲想，不但没有满足好奇心，还把自己弄得这么邋遢，而此时刘白也不知道是道歉还是怎么好，两个人冷冷地站着，气氛无比尴尬。

"潇菲！回来吃晚饭啦！"爷爷的声音从小屋里传来，感谢爷爷把她从这种尴尬中解救出来，她匆匆往小屋奔去，没有回头，虽然她心里有一点点想。

凉 凳 星 空

换了干净衣服，赶紧把油画清洗，可惜洗不干净，林潇菲只得把衣服随意晾晒一下，然后去享用爷爷精心烹饪的简单而美味的晚餐，晚上好像就没什么事了。

山上没有电视，电灯都不是很亮，山里的夜晚来得很快，结束得似乎很漫长，夜晚不就是结束在入睡前吗？睡着了就没有黑夜了，至少林潇菲一直是这么觉得的。

屋内有点儿闷热，林潇菲和爷爷一起坐在门口的凉凳上纳凉。

"你认识那小伙子？"爷爷问。

"不认识，下午刚刚知道名字。"林潇菲回答。

"他画得挺好的，我这几天路过看了看，不比那书上的差。这些搞创作的人，真是厉害，他们的脑子是不是跟我们不一样？"爷爷的话听起来有一点儿搞笑。

"怎么不一样啦，都是脑袋瓜子里面装着脑仁儿。"林潇菲嘟囔道，"不比书上的差？爷爷还看油画书呢？真是看不出来呢，哈哈。"

"哪有，我不懂画画，字都认得不是很全呢，家里你那一书柜的书，也就画册我能完全看懂了，翻过几次，有个叫莫奈的，画得还挺不错的，那个颜色看着舒服，满眼的色，也不挤得慌，颜色都大大的，但远远看着，现实画面也就那个感觉。"爷爷评论起来还挺有头绪的，虽然用词都比较直接，没有什么形容词。

"哈哈，满眼的色，也不挤得慌，我喜欢这个评价。莫奈是我最爱的画家啦，无论是画风还是性格我都好喜欢的，他特别专注，画画的时候对自己要求也很严格，倘若他只画早上八点钟的风景，过了这个时间，光线变了他就不画了，第二条接着来。他喜欢睡莲，就养了一整片，自己在风景里一住就是二十年，后来眼睛不好了，他依然在作画，老年的他，画画用的不是眼睛，是心，我特崇敬他。我对有才华性格又好的人真是打心里喜欢。"林潇菲说起偶像时，抑制不住地赞美。

"有才华又性格好的人？嗯，我觉得今天那小伙子就不错，不仅有才华，每次来画画，一点儿废品都不会留下，见到我也特别礼貌，你会很喜欢这样的人吧？"爷爷打趣道。

"说什么呢爷爷，讨厌。"林潇菲搬起凉凳，回屋睡觉了，她害羞了呢。

莫奈和小裁缝

午饭过后，林潇菲告别了爷爷，回到了市区的家中。

妈妈依然在赶制着客人定做的衣服，辛劳的样子总是让林潇菲感动，真是不好意思说自己刚损失了一件校服，先借同学的穿吧，有同学因为长个子太快而换了大码的，中码她可以借来穿。然后她默默地放下行李，开始给母亲打起了下手。

妈妈以前是服装厂的工人，后来为了照顾她的学习就辞职回家开裁缝店了，也许是受妈妈职业的影响吧，林潇菲从小也挺喜欢缝缝补补，给自己并不贵的芭比娃娃做了很多小衣服，也不浪费，用的都是妈妈店里多余的布料，算是物尽其用了。妈妈夸她手艺不错，她奉承道："当然啦，这是遗传妈妈的心灵手巧嘛。"

这星期的学习，林潇菲总有点儿分神，不知道什么原因，同学问她，她也不说。

心里痒痒的，似乎是一种叫作思念的东西在作祟，想爷爷了？前几天才从他那里来啊，想爸爸？不，很少想爸爸的，爸爸都没有太多存在感。那是想谁呢？难道是……难道是那个话都没说过的，看正脸还没看背影久的画画的男生？不知道呢。

放学回家的路上，路过一家音像店，橱窗里放着一张电影光碟，叫作《巴尔扎克和小裁缝》，她是看过这部电影的，以前同学给她推荐过，说的是深山小裁缝接触到了大师文学而改变人生的故事。

她想到，自己的心神不宁或许就是一个现实版的《巴尔扎克和小裁缝》，自己是那个小裁缝，巴尔扎克不仅代表着自己喜欢的大师画家莫奈，或许还有一点点刘白的影子，总之，这些有才华的人，真的是让自己对人生充满了希望，那么多的美好在等着自己去欣赏，去发现，去创造，想到这些人就莫名激动起来。

神 秘 包 裹

　　隔天的放学回家，妈妈告诉林潇菲，爷爷打电话找她有事，问什么事又不说，神神秘秘的，让林潇菲赶紧给爷爷回电话。

　　电话中，爷爷告诉她："那个叫刘白的男生，今天来小屋里了，留下了一包东西，说是给你的。"

　　"啊？给我的？什么东西啊？"林潇菲好奇地问。

　　"我还没拆开呢，能不能拆啊？偷拆礼物是不对的。"爷爷打趣道。

　　"哈哈，拆吧，没事的。"

　　"哦，是一件白色衬衫呢，还一样绣了你的名字，没有学号。"爷爷说。

　　林潇菲突然觉得好感动啊，这个冷冰冰的画画的人，居然特意把我自己不小心蹭上去弄脏的衣服赔偿给我，还细心地也去绣了名字，学号肯定是没记住，所以只有名字。林潇菲从感动中回过神，赶紧问爷爷："他有留个电话或什么联系方式吗？"

　　爷爷翻动了一会儿，"没有，就一件衣服。他挺着急地放下衣服，让我转交给你就走了。"

　　"没有给我托句话什么的？"林潇菲试探地问。

　　"没有。"

　　"好吧。"即便没有托话，她仍旧激动万分，她顿了顿，"爷爷，我突然又想你了，我这周末回来看你吧！"

　　"臭丫头，想要这件衣服就直接说嘛，还撒谎。好了，你学习压力也挺大的吧，我明天下山去邮局给你寄过去，你别跑回来了，来来回回的多麻烦。"

　　"好吧，谢谢爷爷。"

　　这一天，真是梦幻的一天呢，林潇菲对自己说。

偶 遇 画 展

新衬衫毕竟只是一件普通衬衫，跟校服的规格不一样，是不可以替代校服穿去学校的，但平常的周末，可以不穿校服的时候，林潇菲就爱穿这件衣服。她的衣服全是妈妈置办的，妈妈问道："你什么时候给自己买衣服了？还买的这种跟校服长得差不多的款式？"

"嘿嘿，这是秘密。"林潇菲神道道地回答。

算了，女儿这种神婆般的性格，也不知道是哪来的，反正不是继承自己的，妈妈懒得搭理，毕竟一件衣服的事。

忘了过了多少个的周末，忙完了功课的林潇菲决定上街逛逛。她穿着那件刘白买的她最喜欢的白衬衫，下面配的依旧是五分的校服小黑裙，蹦蹦跳跳地走在街上，活脱脱是一个刚放学的小学生。

要去哪里呢，她也不确定，只是感觉今天天气很好，应该出来走走，外面风有点儿大，秋意浓了，穿这么少，还真有点儿冷，算了，臭美和温暖从来是不可兼得的东西，林潇菲顾不了那么多，继续瞎逛着。

晃晃悠悠地来到了展览馆，林潇菲平常很喜欢来这里，这里经常有一些画家的画展，都是免费展出，虽然对画画一窍不通，但她打心里还是很感兴趣的，这种既能欣赏大作又不用掏门票的机会，她怎能错过。

等等！门口挂的巨幅海报居然是……"留白印象——青年画家刘白画展"，这什么情况啊！刘白是画家？她还以为他真的如自己所说是个单纯的油画爱好者，留白印象？留白？该不会跟林潇菲自己也有关系吧。

她赶忙走进了画展，正中央的画框里就是那幅画！那幅自己是主角，只有一半自己的画！天呐，看了那么多的画，那么多画展，这次居然自己就是那个画中人，太不可思议了，林潇菲忍不住掐了自己一下，确认这不是做梦才继续看了起来。

画的名字叫作《一抹白衣》，旁边居然还有一行小字"鸣谢白衣女孩儿"，林潇菲的心情激动无比，这种感觉，就像自己喜欢的人也喜欢自己一样，不不不，不能这么说，这么说就太肤浅了，自己只是一个被他绘画才华倾倒的小粉丝，不能用喜欢这两个字。

一旁还有一些采访刘白的报纸，林潇菲拿起来细细品读。有一处是这样的，当记者问道：为什么把如此重要的画展开在一个非一线的城市时，刘白说因为这个城市有特别的意义，不仅是作品的取景地，还有一个很重要的画中人，画中人给他一种惊为天人的感觉，不关乎美，那是一种隔世的感觉。看到这里，林潇菲羞红了脸。

报纸的右下方居然还附上了刘白的邮箱地址，是用来跟读者交流的，林潇菲掏出口袋里的小本子，小心翼翼地记录了下来。

林潇菲环顾四周，很想在展馆里看见刘白的身影，可惜没有，只有一些游客在欣赏他的画作。林潇菲此时的心情是矛盾的，又想见到他，又好害怕见到优秀又成功又高高在上的他，那一定是跟森林里遇见的那个他完全不一样的人，那一定会陌生得有些可怕吧。

此时她的心情忐忑起来，她根本顾不上把刘白其他的画作欣赏完，就像犯罪分子逃离现场一样跑出了展馆。

青 春 留 白

回到家，林潇菲关上门，开心地哭了一场，是的，开心地哭了一场。

然后，她做了一项她认为对的决定，这也是刘白教会她的一种道理，是的，她把记在小本子上的刘白的邮箱撕掉了，撕得粉碎，根本看不出是哪几个字母组成。

因为林潇菲知道，知道自己给刘白发邮箱的内容，不外乎自报家门，加上欣赏和崇拜，然后刘白在一群粉丝来信中看到她，也许会回复，也许没有，甚至会觉得她很媚俗，最后邮箱来回一两次便陷入永久的沉默，就是这样，不会有别的。

他那么成功，高高在上，自己只是被一堆作业压着的傻乎乎的高中女生，根本就是两个世界的人啊。不如把彼此心中的那份美好，那份对美的欣赏，对才华的仰慕，好好地存放在心里，让一切美好在最高点戛然而止，会彼此都无法忘记吧。

和刘白的遇见是林潇菲青春里美好的一幅画，而最后并没有跟他取得联系，就是给这幅画留下的白，因为有这片白，她更珍惜这幅画作，连同这段回忆一起。

栗子蛋糕融化在流年里

夏南年

那一年让一生改变

初夏鲜艳的时节，不知名的树披着红衣在枝头蹁跹，蒋斯南站在学校锈迹斑斑的铁门外，恍然间把操场看成了临时搭建的舞台，几抹乱红似周屿的裙带，飞扬在风里。

蒋斯南走到食堂，问穿着白大褂的胖大婶要了一份儿炒面，坐在角落里。然后轻轻擦掉桌上的灰尘，目光不知不觉被桌角刻上的小字吸引，清秀的小楷刻着歌词，蒋斯南的眼泪终于混着灰尘凝结成一团污浊，成为最后的纪念。

上帝在云端，只眨了一眨眼

蒋斯南来华中的第一天，难得步行走到学校，操场上的香樟树肆无忌惮地飞冲上天，弥漫着阵阵清香，他懒散地往新教室走，与整个临近节日的气氛格格不入，毕竟他最多只在这里逗留一年，最早的话，可能下一年春暖花开的时节，就要跟随跑项目的阿爸去另一座城市。

从来来不及开一场道别仪式，告别那里的所有风光和人，也就不用大张旗鼓、热闹喧嚣地让人迎接。第一节课刚开始，连自我介绍都不用，蒋斯南看着后排有两个连在一起的空位，悠然坐在其中一个位子上，环顾四周。

然而他刚坐下就想换位子，旁边一个挺瘦弱的女生自从他坐下后就像被癞蛤蟆缠住了似的，不停地晃动着桌子，握着拳头，坐立不安。

"这儿有人？"蒋斯南尴尬地问。

"啊？没……没有。"女生显然被吓了一大跳，说话都结巴起来，可是回答完，她更慌乱了，蒋斯南努力忍住不去转头看她，心里默默地数着，一下、两下、三下……心里默默发誓，等到下课，只要那个女生离开座位，就跟她那个会"吱扭"叫的板凳换一下。

好不容易快挨到下课，那个女生的腿竟然抖了起来，动静实在是太大了，蒋斯南不得不转过头，才发现那个女生好像是肚子痛，蜷缩在座位上，手里的纸巾已经被汗沾湿了一大片。

蒋斯南想叫她，又觉得"喂"这个称呼不太好，想抬手碰她，伸出手又缩了回来，干脆敲了敲前排的人，那个人显然是误会了他，龙飞凤舞写下周屿两个字扔到他桌上，"你千万别招惹她，周屿太奇怪了，还是个结巴，只有洛可樱跟她黏在一起。"

"洛可樱是谁？"蒋斯南下意识地问，那个人一转头，瞟了一眼空位，"今天没来，也是个怪人，脸上有一大块胎记。"

这人怎么专挑别人的缺陷说？蒋斯南住了口，下课铃如约而至，周屿竟然猛然间停止了颤抖。蒋斯南耐心地趴在位子上等她离开，没想到她从位子里摸索出了一个漂亮的镂空的苹果盒子，突然站起身，蚊子似的叫了一声："欧燃。"然后目光像一把热情的火炬，凝视在蒋斯南前排那个男生的背上。

"欧燃？"这一声大了一点儿，前面的男生莫名其妙地转过身，"什么事？"

"我、忘……忘了。"周屿的脸红得几乎要炸开，欧燃嘀咕了一句刚想转身，周屿突然叫道："给、给你。"然后双手捧上了那盒苹果，固执地快要戳到欧燃。

"别别别，我从来不吃苹果。"教室里的人开始起哄，欧燃像做了什么见不得人的事，飞快地把盒子一推，果盒砸在了蒋斯南的桌子上。

时间好像在一瞬间凝固了，安静了一秒后，全班哄堂大笑。不太好听的七嘴八舌传进蒋斯南耳畔，他丝毫找不到全班人默契的笑点在哪里，只在周屿哆嗦着抓过摔变了形的果盒时，清晰地看到上有一行娟秀的小字，平安夜，希望你平平安安。

蒋斯南一个不留神，下意识地抓过果盒，"给我吧，我喜欢吃苹果。"周屿震惊地望着他，蒋斯南直接打开盒子，用袖子擦了擦光亮干净的苹果，清脆地咬下去。听到周屿小心地说谢谢，语气让蒋斯南想起了一件事。

他七岁那年，买了一大兜馒头给没牙齿的奶奶当晚饭，路过车站时发现有个脏兮兮乞讨的小男孩儿，目光像钉在了袋子上，他赶紧递给男孩儿两个大馒头，男孩儿难以置信惊喜交加地望着他，卑怯地说谢谢。蒋斯南一直清晰地记得那声谢谢，包含了太多卑微的感激的语气，和周屿几乎分毫不差。

用一朵花开的时间

蒋斯南以为自己做了件大好事，没想到很快处境就变得极其尴尬。

那个叫洛可樱的女孩儿蹦蹦跳跳走进教室时，已经快到中午了，蒋斯南松了口气，她脸上的胎记，指甲盖大小，有什么大不了的。洛可樱坐下来，冲他打了个招呼，毫不见外，然后拍拍周屿的肩，"走吧，去吃饭。我在家偷懒了一上午了。"

周屿安静地跟在她身后，蒋斯南顺道去洗手间。不知道哪个没大脑的设计师，设计了食堂和洗手间面对面的环境，保证了每个学生在课间既能去洗手间，又能准备下节课的干粮，也同时导致去洗手的蒋斯南，听到隔壁传来一个有点儿耳熟的声音，"我一点儿都不喜欢平安夜的苹果！"

"我、我也是……送、那个，有……什么意思啊。"蒋斯南猛然反应过来说话的人是谁。

"就是的，回礼回来回去就一个破苹果，包装好的贵得跟火龙果似的。"蒋斯南特地等洛可樱叽叽喳喳的声音停止几秒，才走出去，没想到差点儿和她们撞在一起。洛可樱笑一笑，可爱的酒窝跳出来，蒋斯南把目光瞥向周屿，气氛在一瞬间微妙地让人难受。

蒋斯南拒绝了洛可樱一起吃饭的邀请，周屿卡在那里，他不想让她担忧，周屿没对她唯一的朋友说实话，即便蒋斯南也不会出卖她，但知道秘密的人，都该走开，这个道理他懂。

让他意外的，是下午的桌子里，放了一块精致的蛋糕，栗子好闻的香气流淌在空气中，洛可樱夸张地吸着鼻子，"喂，你是个吃货吧，刚来这就能准确无误找到全镇最好吃的蛋糕店，"说着又吐吐舌头，"想吃早说啊，小屿还能让她妈妈给你打折。"

111

"什么意思？"

"蛋糕店是她家开的，那里的栗子蛋糕，香甜可口，你吃的这块，很可能是她亲手做的……"

"行……行了。"周屿打断洛可樱，推她回座位。

课上了一半，蒋斯南觉得太简单，干脆埋头补觉，一贴到桌子上，蛋糕的香气一溜烟儿往心里跑，他坐起来，给周屿写了张纸条，"这个蛋糕，是你亲手做的吗？"

周屿的脸腾地红了，蒋斯南才意识到自己的话，有点儿模糊不清，任何小动作都逃不过刚上任的老师眼睛，一声断喝下，周屿低着头站了起来。

"回答问题吧。"

蒋斯南以为下、极其认真的周屿少听了几秒钟的课多少也能应付下，没想到周屿的嘴巴像是被粘住了一样。

"你到底会不会？不会还不认真听？空长得漂亮有什么用，跑来我的课上当花瓶？我不需要，答不上来就滚出去站着。"

蒋斯南吓了一跳，用最快速度算出答案，写得巨大无比摆在桌上，赶在周屿拿起书准备去罚站的时候轻咳一声，周屿默契地扫来目光，结结巴巴地报出答案，终于化险为夷。

洛可樱在旁边补充："上星期刚来的老师，每节课都能揪出几个注意力不集中的……"话音未落被喊了起来，蒋斯南拿起笔，洛可樱就报出了答案，速度比蒋斯南更快。

一节数学课，整个班级鸦雀无声，每个人紧张得大汗淋漓，蒋斯南不停地望向一直埋着头的周屿，生怕她哭了，写了小纸条拍在她桌上，"那个母夜叉太可怕了，别理她，肯定是对自己的长相自卑才那么说你。"不幸一只大手伸了过来，蒋斯南简直要跳脚了，这真的是新老师吗？眼观六路耳听八方的本领堪比老鹰。

更不幸的是，蒋斯南一语成谶，数学老师铁青着脸，将他揪去了办公室。

蒋斯南重见天日时，周屿和洛可樱正在门口等他，洛可樱跳上来，"小屿说你帮了她忙，还让你落到了铁面杀手的手里，要请你去她家的蛋糕坊。"蒋斯南望向周屿，她悄悄地低下头，心思展露无意。蒋斯南想笑，心里像三月的燕子拂过，闪烁如浩瀚的星辰。

周屿家的蛋糕坊像一个精致的蛋糕，馨香浓甜，不论是谁，走进去就像掉进了幸福的海洋里，甜甜圈形状的柜子、蜜桃芝士的板凳、樱桃慕斯模样的托盘，洛可樱买了一大堆蛋糕，被一个电话叫走，周屿又红着脸递给蒋斯南一块栗子蛋糕。

蒋斯南扔下书包，掏出纸笔刷刷地写，"其实你有很多话想说，对吧？你的内心深处有一把琴，其实一有波动，情绪便会翻涌。"

周屿笑了，蒋斯南终于见到了她真正的笑容，一个女生该有的，甜蜜又干净的真正的笑，像一朵睡莲绽放在人间。

蒋斯南继续写，"你喜欢的话，我们就这样说话。你为什么会那么自卑呢？你比很多女生都漂亮，又有洛可樱那样的好友。"

周屿定了定，很慢地说："你不懂的。"像是耗费了全身的力量。

蒋斯南临走前，周屿递给他新的栗子蛋糕，"给……给你家人、吃。"

让我们拥抱成沙

转眼是新年，时间过得飞快，四月里阿爸回家，高兴地搂住蒋斯南的脖子，"我又在这里接了新的项目，怎么样，高兴吧？可以再多待至少半年呢。"

"都一样，反正迟早要走。"蒋斯南拍开阿爸的手，其实心里早已欣喜若狂，第一件事，就是给周屿发去短信。蒋斯南意外地，没和任何男生交朋友，文科班里少数几个男生都跟在欧燃身后，蒋斯南看不惯欧燃，当然欧燃也看不起蒋斯南，整天和两个女生待在一块，一个是结巴，还有一个，欧燃提醒蒋斯南，"洛可樱的心跟她脸上的胎记一样小。"

蒋斯南讨厌别人说周屿是结巴，就像护短一样，理所应当忽视了第二句，只是他早就吃腻了栗子蛋糕，周屿却固执地每天塞给他一两块，他不好意思拒绝。

店里那么多东西，哪怕稍微换一换口味啊，有时候蒋斯南暗示周屿芝士更符合他老家的蛋糕口味，周屿笑一笑，依旧递来栗子蛋糕，欲言又止。蒋斯南也不好再问下去，为什么看起来那么好的店，却看不到什么店员？甚至连周屿的妈妈，他也一次都没见过。

蒋斯南想着这些七零八落的事，对着一块栗子蛋糕发愁，此刻他正坐在香樟树下，等练舞的洛可樱和周屿一同排练完出来，五月会演比赛在即，如果表现出色，很可能会给她们小镇姑娘出人头地的机会。

她们出来的天色越来越晚，蒋斯南放心不下没有人来接周屿，干脆一直等她们出来，充当护花使者。

眼见天色还早，蒋斯南偷偷摸摸把栗子蛋糕用叉子搅碎，随手拽过纸巾包包，往垃圾桶里扔，身后洛可樱的声音突然传来，"斯南，你怎么把那么好吃的栗子蛋糕扔了？我都饿死了，不想吃留给我啊。"

蒋斯南手一抖，纸巾应声散开，蛋糕"扑通"一声砸在了地上，他猛地转过头，正看到应声回头的周屿不可置信的眼神，对没心没肺的洛可樱干生气。

"那就快走吧，新开了一家比萨店，我请客。"蒋斯南想走。

"那我和小屿先去食堂买碗凉粉当夜宵。"蒋斯南眼巴巴地看着洛可樱拉着周屿从垃圾桶旁走过，周屿的眼神飘过垃圾桶时身子一怔，蒋斯南在那一刻，飞身扑进垃圾桶挡住蛋糕的心都有。

周屿没说什么，一路上像往常一样沉默，洛可樱没跟家里的车走，说难得提前结束了排练，好怀念他们三个人一起走路的时光。周屿回店里后，洛可樱悄悄对蒋斯南说："喂，跟你说个秘密，小屿咳咳咳。"洛可樱的眼神狡黠地闪烁着，蒋斯南一下就看懂了，扔了一个石子，"你胡说什么呢？我们是死党啊。"蒋斯南想着扔蛋糕的事口是心非，周屿的心意，终究被他辜负了。

蒋斯南和洛可樱渐渐走远，彩色的晚霞伴着玫瑰色的日光像一条长长的、流年的尾巴，他当然没注意到，身后的蛋糕坊传来玻璃破碎的声音，周屿的目光在听见他和洛可樱的话后黯淡下来。

懂事之前，情动以后，长不过一天

周屿出事了，周屿被打伤，洛可樱不想请假，蒋斯南干脆逃课跑去医院，周屿没有换病号服，雪纺衫上血迹斑斑，白衣胜雪，几抹殷红如同朱砂，蒋斯南看着包裹着绷带伤痕累累的她，心里涩得想哭。

"谁干的？"蒋斯南咬牙切齿，"你不会连这样的事都不让我们替你分担吧？"

周屿固执地闭着嘴，神情里带着一丝祈求，蒋斯南觉得自己气得肺都要炸了，他仍旧不明白，周屿到底把他摆在怎样的位置，蒋斯南觉得自己自作多情得可笑，大概周屿这样的女生，不会和任何人成为真正的朋友，只是卑微地想要有个伴而已，洛可樱和他都是玩伴，什么秘密都被她自己藏在心底。

没人照看周屿，蒋斯南转身离开，不多时买了一盒排骨饭让护士送进去，时间过得很快，蒋斯南常常逃课在香樟树下发呆，他的成绩足够好，老师足够欣慰，还美其名曰他是劳逸结合。洛可樱更有兴致地每天拼命练舞，三个人就这样不约而同地散了，只是与愤怒抗衡后，蒋斯南仍旧会买了一日三餐，让护士带给周屿。

他早就不生气了，但就是拉不下脸去和好，反正他没错。

再见到周屿时，是在五一会演比赛的彩排上，蒋斯南去围观，看到洛可樱作为领舞出场，舞姿柔软似玉兰花瓣，却总觉得少了一份滋味。蒋斯南心不在焉地看着，一个红衣的身影乱闯去舞台上，引得台下一干老师阻拦。

红衣的女生缓缓地跳着，韵味仙气十足，蒋斯南突然认出，那是好多天都没再见面的周屿，一曲结束，排舞的老师很高兴地跑来，跟下面的老师介绍："这个领舞本身就是小屿的，只是因为之前她家里出了事，才临时换成了洛可樱。小屿，你能恢复得那么快，太好了。"

老师走后，蒋斯南想挤过去，看到周屿拽着洛可樱走到了拐弯没人的屋子，周屿满脸通红，满身的怒气和戾气。站在几米外的蒋斯南都能感受到，他吓了一跳，毫不犹豫地跟过去，正好听到周屿狮子一样冲洛可樱吼："至……于吗？一个、领舞而、而已。砸我……我家店。"

"你疯了？"洛可樱不可置信地问，"你妈做的蛋糕有问题，常吃的人自然会知道，别什么事都往我身上推，其实你从来没把我当朋友吧。"

"你……"

蒋斯南一把推开门，揪开洛可樱被周屿揪住的领子，"周屿，你能不能把我们当真正的朋友？多一点儿信任，我们到底算什么？"

周屿不可置信地望着蒋斯南，颓败地转身。

蒋斯南靠在墙边发愣，反正很快就要走了，这样告别，没有留恋也好。蒋斯南不想回家，跑去从来没去过的街道溜达，没想到会看到洛可樱。蒋斯南不想喊她，却看到她被几个痞子围住，蒋斯南下意识想冲上去救他。

一个高胖子说："你让我们去砸了那个破蛋糕坊，钱呢？"

洛可樱掏出一个信封，"答应你们的，你们自己分。"蒋斯南懒得去质问洛可樱，趁着人还没散去往回跑，看到了已经残破不堪的蛋糕坊。

周屿和她阿妈一起离开了这座城市，蒋斯南常常不由自主望着身边空空如也的座位发呆，他没有周屿的任何联系方式，连一声道歉也给不了，就算有，其实他也不会再想去打扰他。

几个月后，阿爸的项目圆满完成，阿爸给了他几张大票子，"去吃点儿好吃的，以后就吃不到这里的东西了。"

蒋斯南不知不觉走去了那家蛋糕坊，那里已经换了模样，精致的奶茶店，巧笑倩兮的女生站在吧台，蒋斯南突然发现，这里也有栗子蛋糕，一瞬间，回忆翻涌，铺天盖地，周屿的千姿百态展现在眼前。她的自卑，隐忍，优美，像一只翅膀被粘在一起的彩蝶，飞来他的生命，转眼间又消失不见。

"要 份栗了蛋糕吧，不过奶茶店为什么会有蛋糕？好像，还只有这一种蛋糕。"

女生笑了，"接店的时候，那个挺漂亮的小姑娘让我帮忙，跟每一个买栗子蛋糕的男生说，她以前亲手为他做的栗子蛋糕，用的都是最好的材料。那个女生真的很好，是很喜欢一个人吧，可能是因为结巴被拒绝的吧，不然哪儿还能挑出缺点。我家的栗子蛋糕就是她手把手教会我的，她说以后那个男生想吃的时候可以再吃到。"

蒋斯南愣了一下，拼命地摇头，他只是太在乎她，又不够相信她，当时也不知道，她会用逼着自己吃栗子蛋糕的方式对他好，在蛋糕里藏满她的心意。

亲爱的女孩儿，愿你在新的彼岸好好被爱、再没有人像我这样，误会你，辜负你。

泰国，一个人的梦境之地

陈若鱼

1

我背着双肩包跟随游客乘坐city line去市区，又转地铁到我订的酒店。我对泰国除了蜚声国际的变性人之外所有的了解都来自于顾雁明。

他热爱旅行，大学所有的时间都用在打工和旅行上了，大四下学期他突然在微信群里说想去泰国，三个月后他就真的去了，在朋友圈分享的照片里每一张都让我心动。

然而作为一个一穷二白的学生，除了生活费之外我并没有多余的钱出国旅行。我开始在学校外的奶茶铺打工，也跟一些创业的同学去路边摆摊，甚至在晚上去做家教。这一切只源于他一句，如果有一天我来泰国，他一定带我去苏梅岛潜水，去大皇宫朝拜，去曼谷看大象。可是当我终于存够钱，鼓起勇气的这一天，他却突然离开，去了我不知道的地方，连改机票跟上他步伐的机会都没留给我。

2

到旅馆时已经是傍晚，我住的家庭旅馆在湄南河岸，门口有一棵菩提树，心形的叶子让一切都变得祥和善良起来。店老板是一位香港大叔，但却讲着泰国口音的英文，得知我是中国人后，又换成了蹩脚的普通话，他告诉我住在这里晚上八点可以听见卧佛寺的钟声。

我住在旅馆最里面的房间，推开窗户就可以看见湄南河里来往的游艇，以及河岸对面金光闪烁的庙宇，我躺在柔软的床上，夜风从窗户吹进来，我又想起顾雁明，不知道他当时来泰国时，是否曾住过湄南河的河岸，是否也跟我看过同一片夜景。

其实，我认识顾雁明比他认识我要久，只是他并不知道，我们念过同一所高中，只是并没有什么交集，我们没有像小说和电影里一样有过偶遇的桥段，唯一的交集就是我们每天都会穿过同一片水杉林去教学楼。

他并不是很高，也不是很帅，但却在一群穿校服的男生格外扎眼，那时他忙着备战高考，而我还是个天真无邪的少女，只会远远多看两眼，并不敢希冀有一天能与他比肩而行。但上天似乎格外眷顾我，没想到我意外考入了他所在的大学，那时候距离我们最后一次在高中校园擦肩而过已经过去一千多个日夜。

他比我高一届，所以我总是跟不上他的脚步，他大四已经基本没课，我却每天还要上课。再过不久他就要毕业了，而我还要再等一年。

一年的时间虽不太长，但足以拉开我们的距离，他也许会去外地工作，会遇见一个可爱的女孩儿，也许会去遥远的地方旅行，总之我们可能再不会有机会。

3

顾雁明一边做毕业设计一边打工赚钱，在毕业后的半个月内就在泰国联系到工作，并且办理了商务签证飞去了泰国。那一刻，我才知道他不是要去泰国短期旅行，而是计划在那边长期居住下去。

大概是因为距离远了，想念似野草疯长，我开始鼓起勇气在微信里跟他联系,他很快回复,渐渐的我们开始习惯每天晚上聊天,我不主动发消息的时候,他也会主动发给我,这让我心生了去泰国的决心。但是我像所有暗恋中的小女生一样,希望给对方一个惊喜,所以我并没有告诉他我要去泰国的事。

这导致我们完美错过。

我有一种再也见不到顾雁明的错觉。

4

我从来没有过独自旅行的经验,没想到第一次就是去遥远的泰国。

我本以为可以依靠顾雁明,所以我的英文并没有练习到可以交流无阻的程度。第二天清晨,我决定离开曼谷去一趟苏梅岛,因为经费问题,我不能买机票,所以只能乘坐火车到春蓬,再坐船到苏梅岛。

顾雁明在夏天的时候曾给发过一张他穿着潜水服,以及他在海底拍摄鱼群的照片,我曾无数次幻想过来泰国以后,跟他一起再来一趟苏梅岛,我们一起穿梭在色彩斑斓的鱼群里的情形。

抵达苏梅岛后,我跟着游客一起去了岛上的旅馆,放下行李后一个人去了查汶海滩,沿着海岸走了好远,海面上渔船有零星而遥远的灯光。

我的脑海里忽然冒出顾雁明的脸,眼泪在那一刻措手不及。

我不知道是否暗恋的人总会感觉孤独,但那一刻我真的忍不住眼泪如泉水般涌出,我拍了一张远处灯塔的照片发给顾雁明,他像是人间蒸发了一样依旧没有回复。

5

国庆的时候,我去了一趟高中学校,那是我第一次见到顾雁明的地方,倘若这场漫长的暗恋要被宣告结束,那也应该在这个地方结束。

我走进那一片曾无数次走过的水杉树林，细针似的叶子从树枝上飘落，在地上积了薄薄一层，踩在上面有苏梅岛海滩似的柔软。

我拍了一张照片发去朋友圈，并写道：四年了，一切都要这样结束，所幸未来旅途漫长。

我怀着一种无比哀愁的心情走出高中校园，走出跟顾雁明所有的回忆，但就在我踏出校门口的那一刻手机突然响起。

手机屏幕上跳动着"顾雁明"三个字。

"你在高中学校？""嗯。""你去泰国了？""嗯。"

"是去找我吗？"

我忽然不知从哪里冒出的怒气，对电话里吼道："废话，当然是你去找你了！"

说完，我才发现自己反应过激，说出的话已收不回，电话那头的顾雁明可能被我吓到，沉默了。

就在我打算转移话题的时候，却听见顾雁明掷地有声地说了一句："我喜欢你。"

我一时间愣住，只听见他继续说道，其实在我去泰国的时候他正好回国，但是手机不小心遗落在曼谷机场，直到今天才兜兜转转地寄到他手里。他一打开就看到我的消息，那么多他看了半个小时才看完。

本来我以为他是去了其他的地方，手机号码不会再用，所以在泰国的那些夜晚，我把所有想说的话都发在了他的手机上。我必须承认那一刻，我的心跳漏了好几拍，眼泪毫无征兆地滚滚而落。

"我……"

"等你毕业，我再带你去一次泰国吧，答应你的潜水，看大象，朝拜，一样都不食言……现在，请你回头。"顾雁明说完，我在电话这头只顾着掉眼泪，脑袋一片空白，以至于顾雁明在学校对面的街上大叫着我的名字时，我都没反应过来这一切都是真的。

顾雁明气喘吁吁地对我挥手，那一刻，泰国，终于不是我一个人的梦境之地。

苏州，说再见又再见

张花花

1

再回到苏州是雨水刚至的初春，我从北方来，但是依然一下高铁就被冻得发抖。苏州是这样的，没有阳光的时间里，潮湿会打败一个东北姑娘。

下了火车瓶子请我吃一顿热乎乎的锅子，心里暖得瞬间想哭。这次再回苏州真的是做好了定居的准备，衣服就邮了三大箱回来。还好要好的朋友都在，我和瓶子住在一个被窝里，朋友在身边，苏州最潮湿的日子里，也没那么冷了。

两个人猫在被窝里，我不提她也不说。其实她怎么会不懂，我们一个大学毕业，和D先生在一起的时光她都在，毕业后情侣一起北漂，回到苏州只有我一个人，她明白只是不愿问我，我知道可是我不想多说。之后的日子，我的心情像是苏州连绵的梅雨，没有放晴的时候。

朋友介绍了一份在月光码头画廊的工作，忙的时候和客户谈艺术、谈文化、谈投资，不忙的时候一个人捧着水杯在沙发上发呆，画廊有大大的落地窗，望向湖面时烟雨蒙眬，湖心的小岛一天有一半的时间都看不清楚。月光码头是苏州知名的景点，夜晚华灯初上，情侣很多，我站在空旷的画廊里看着外面的繁华，感觉一下子被拉回高中。有一段日子，我喜欢听轻音乐，不喜欢说话，每天在太阳最耀眼的时候会坐在飘窗上听歌，我望着天空，感觉自己孤立无援地活在这个世界里。那时候最好的朋友在别处读书，父母成年出差，就是因为那段时光，我特别讨厌艳阳高照的天气，那种干燥的感觉每当我寂寞时都会随着空气一呼一吸地流进我身体里。

我在苏州的春雨里眼看笑声远去。

2

时光滴答而过，早晨醒来再也听不到雨棚被敲打的声音，人们的穿着也变得轻快，我决定好好认识一下这个城市。虽然是在苏州读书，但是很少出去走走，想来，我的青春也不过是在牢笼里慢慢流过。

之前在微博上看到过一个姑娘，叫不姓沈的佳怡，她失恋，走很远，可是依然心痛。我说我们不必走太远吧，就在一座城里，让时光帮我们前行。

每到双休日我们两个的主题就是吃喝玩乐，到最后动物园都拿来当景点。

观前街的哑巴生煎，总是要排队。相门的小吃，火得好像是不要钱。捞鱼池火锅的男服务生比男朋友还要贴心。江边城外的烤鱼要排两个小时的队。我们不看旅行攻略，因为这不是旅行，是生活。

我和瓶子最缺德的事儿是在上塘街的入口坐着看导游挥舞着小旗说她买的票便宜，其实别的入口根本不收钱，我俩就坐在那儿安慰对方说，虽然我们能吃，但是也蛮省钱的。我们趴在平江路评弹馆的楼下听小曲儿，活生生地趴墙根，或者坐在河边晃着腿看对面的爷爷读书喝茶写字。听撑船而过的人用听不懂的苏州方言唱歌，河边的柳叶一晃一晃，树影和苏州灰白色的老式建筑一样斑驳。

最奢侈的一次两个人在平江路的咖啡馆里喝咖啡，五十一杯的经

123

栗子蛋糕融化在流年里

典咖啡，只比星球杯大一点儿的杯子，喝完咖啡以后用凉白开一次次地续杯，续到人家都不用刷杯子了，水里满是心痛的味道。

就是这样，春天眼看就要明媚了，上方山的百花节也到了。

上学时苏州每年的百花节我们都去，这是传统。因为我知道一个不用门票的入口，所以一行同学感觉不在百花节逛逛就对不起这个秘密。何况漫山的樱花，真的是以秒速五厘米的速度飘落的。

今年再看百花节，心情不一样，因为那个入口被封死了，花了门票的我们用力地看这漫山的樱花，比前几年更好看了。其实上方山最适合骑行，开车速度太快，容易惹起一路尘埃，步行又太慢，看不尽山上风景。我们骑着车，爬着坡儿。偶尔在某片落花下休息，感受苏州温和又潮湿的风，这是苏州最平常的午后。

苏州的时光是缓慢的，就好像是夕阳下的影子，会被拉得特别长。

3

我一直不想回学校，就算学校后门的红烧肉真的很好吃。但是我不愿意想起过去，那些回忆里，D先生还在那里。但是已经到了上方山，学校还会远吗？

学校里的老师还是那些老师，门卫也还是那些门卫，食堂的菜一如既往的好吃，奶茶店里最畅销的还是丝袜奶茶。学弟学妹们依然张扬或者文艺，只是不再熟悉。

我们两个去看之前专业课的工作室，布局都变了，黑板没有了。过去我们一个班级就横七竖八地倒在沙发上看电影，然后看老师在黑板上比比画画地给我们讲解分镜，但是从来没有在上面写过字。如今沙发还在，但是那些窝心的时光早已过去了。

学校的广场路灯都不见了，有一年夏天我们在广场打牌，输的人要抱着路灯跳钢管舞，一起打牌的男生一个是跳Jazz的，一个是跳

Poping的，在路灯的光束下，舞姿撩人。

还记得我和D先生在一起的第二天就是在这个广场的台阶上，我用红色卡纸画了一个结婚证书，两个人按了手印，请朋友们做"证婚人"。

青春太动人。

我和瓶子走过男生寝室楼下的时候我终于忍不住了，我说我挺想他的。她说，我知道。我把手机给她，我说要和这个窗口合影，我就跑到男生寝室窗口楼下拍了张照片。楼下的学弟喊："别偷我袜子啊！"然后一阵哄笑。我对瓶子说，这么老了还有人调戏，真好。

我和貌似监狱的男寝窗子合影，学弟不明白，瓶子明白。这个窗口简直是我爱情的桥梁，我和D先生在一起的日子，他宅，我每天从这个窗口递炒饭、可乐、烟，套餐标配，一日三餐。那几年，从柏油路到窗口中间的草都活生生让我踏出一条路来，那句话怎么说的？世界上本没有路，走的人多了就成了路。但是鲁迅爷爷没有告诉我们，爱情这条路不要走得太特别，否则路的痕迹早晚会被野草再次掩盖。

走过图书馆，我想起我和D先生一起看书，他看绘本，我看小说。走过篮球场，我想起在这儿给D先生加油，他打得分后卫，我拿着矿泉水和毛巾。走过学校的"护城河"，我想起我和D先生在闷热的夏日坐在那儿喂蚊子。走过美术馆，我想起我和D先生一起看展览指指点点。走过足球场的时候我想起我和D先生牵手散步，后面有一个少年在慢跑，他嘟囔着要练成龟派神功，然后气冲冲地跑到我俩面前大喝一声"禁止！"。

这个学校回忆太多，不好。

我问瓶子，过去那么美，你知道我们为什么分手吗？瓶子摇头。我说我也不知道。

太阳就快要掉落了，我们准备回家。路过收发室的时候我突然想起，我和D先生在猫的天空之城咖啡馆给对方写过一张明信片，邮寄给一年后的彼此，但是一年以后我们都已经毕业了，明信片上的字句也成了秘密。我还记得那天阳光温柔，写字的笔是彩色的，我们坐在窗口风微微吹起我的头发，他说那画面挺美。

我们在收发室翻了好久好久，自从有了快递和网络，明信片和信件基本都被遗忘。最后真的神奇般地找到了两张明信片，我先找到了我的，图案是千寻，我写着"我很幸福"四个字，我是一个喜欢讲话的人，但是面对爱情，话不多。瓶子帮我找到他的，开头是："如果我们现在还在一起……"我没有往后看，我想我找到了分手的原因，这段感情里，他原本就不够坚定，我又何必念念不忘呢？其实结局在他心里早就用一个"如果"注定，我随手把两张明信片扔进垃圾桶。

苏州的夏天快到了，艳阳高照。天儿，真好。

而我听见下雨的声音

　　陈苏桐，这么多时光，我在你面前任性又小气，自卑还会把话藏在心里，但你还是一味包容疼爱。

　　我也喜欢你呀陈苏桐，天暖了，你给我的非洲茉莉重新长满了绿油油的叶子，所以你要快点儿回来哦，天大地大，有你才像家。

时光回不去的金鱼篱

温不柔

金鱼篱是一栋很小很特别的房子。

金鱼篱那栋小小的房子门前正中间的地面上刻着一只巨大的金鱼，它没有很别致，简单得甚至有点儿粗糙，就是和大多数普通人家一样，有着简单的年年有余的美好愿望。

在家乡那边，很多房子的正中间都会铺上写着"芳流水颖"白底黑字的大瓷砖(上了大学的阿里里还是不明白这四个字除了简单美好的祝愿以外到底是不是成语，或许应该反过来念)，但是金鱼篱没有。它的正中间是绘着一幅彩色的山水画。小户人家的尺寸都不大，上面绘着蓝天，青山，绿水，石桥，古塔，还有茅草屋……很像粑粑桑在教阿里里画画时信手拈来的画卷，粑粑桑每次都会十分自恋地在最右边写上"这里风景独好"六个大字。

它周围的墙壁上铺满了小小的格子状的乳白色的瓷砖，布满了象征着尘埃的小水印，远远望去，好像故意糊上了一层别致的浅灰色格子的纱布。

金鱼篱只有两层楼半，一楼和二楼都有一根圆圆的大柱子。是那种很普通的石头，粗糙的表面偶尔会发光的像鱼鳞一样的物质。阿里里童年对柱子的记忆只有两个，一是格格玛每次都说如果你敢不听话，粑粑桑就会用麻绳子把你绑在楼下那个柱子上用皮带往死里抽！再不然就是阿里里每次偷偷爬到阳台上都会靠着二楼的柱子往楼下看，幻想如果一不小心掉下去，会不会在最后一秒长出翅膀，然后拥有超能力，最后过上幸福的人生……

第三层是没有遮掩的大阳台，地上盖着简单而又质朴的灰色水泥，而一抬头就是那块忽远忽近的大棉被，那片天空那么近又那么远。夏天的时候那儿勉强是一个简陋的观星台，在上面总是出奇地安静，只剩下田野间蟋蟀在思考的声音。而冬天的时候绝对是阿里里最不想去的地方！四面透风，来去自如。她还没有文艺到虐待自己的地步。她只记得顶楼有很多红色的空心砖头，她喜欢把那个当作灶台，自己和自己玩过家家。很小很小的时候，粑粑桑会在中秋的时候将小桌子搬到顶楼，带着阿里里和格格玛，赏风赏月赏秋香。

阿里里喜欢住在这里，因为这里有格格玛和粑粑桑，还有和她一样大的金鱼篱。金鱼篱之所以和其他的民居不同，可能就是因为阿里里觉得住在里面的人对自己而言特别。

金鱼篱一楼一开门就是客厅，客厅上挂满了阿里里从幼儿园到小学的各种奖状。从最初用透明胶牢牢粘在墙上，后来看到奖状自由落体之后变改换成图钉，到最后粑粑桑又用大号的透明胶将那些金灿灿简单地过塑，就是为了影响小强的胃口。满满的一墙壁的除了格格玛和粑粑桑的自豪炫耀还有对未来的期待。

在这里，粑粑桑和阿里里有好多回忆。他教阿里里怎么样坐端正写字，他教阿里里怎么算数学题。阿里里一直认为粑粑桑是无所不能的超人，直到他有一天为了解出阿里里卷子里的那种把食用油倒来倒去一道应用题时真的把格格玛前两天刚买的花生油拎出来，阿里里的超人幻想才面对了现实。但是粑粑桑还是阿里里心目中的最有魅力的男人，除了再也不问他数学题。

阿里里和粑粑桑两个人度过最最温馨的时光应该还是在一楼的客厅。她对着电视上的招聘广告一个一个打电话过去帮失业的粑粑桑找工作，然后和他一起做着手工等着格格玛下班回家。粑粑桑喜欢唱歌，当初"吉祥三宝"红透的时候，他就和阿里里一起学着那个调调唱改编后的"吉祥三宝"。那时候金鱼篱里面发出的欢乐歌声甚至把邻居都感染了。

可是时间总是在不停地奔跑，格格玛还是格格玛，只是她的头发变少了。阿里里一直以为格格玛的头发像是受到四季变化影响的花草树木，春天到了迟早还是会长出来，可是阿里里闻到了每一年的春风，却始终看不到格格玛头上长出茂密的乌草。粑粑桑还是粑粑桑，可是他的个子变矮了，直到阿里里的个子超过了粑粑桑。阿里里不再粘着格格玛和粑粑桑，她开始追求时髦，她开始注重个人隐私。她的衣柜里都是自己喜欢的衣服，而格格玛和粑粑桑给她买的她最多都只穿过一次就被稳稳地放在最角落。她在自己的房门口贴上了"闲人勿扰"的字样，格格玛和粑粑桑慢慢有了敲门的习惯。当所有的一切都在变化时，只有金鱼篱还是金鱼篱，它没有变过。可是住在里面的人都在被时间追赶着，然后它也就跟着苍老了。

阿里里二十一岁了，金鱼篱也是。

阿里里去烫了头发，顺便染了她一直很向往的栗色，这样就不再像假小子了，更加成熟温柔了。格格玛也去烫了头发，把一堆堆变白的头发染回了它原来的颜色。格格玛现在最经常做的事就是跟阿里里说，她真希望时间能够回到阿里里还是阿里里的时候，那时候阿里里还那么小不懂得叛逆，不懂得生气，会委屈会哭不会像现在这样乖巧却又让格格玛无可奈何地心疼；那时候格格玛的头发还黑得发亮，不需要隔一段时间就让阿里里买染发剂回来染；那时候粑粑桑还在，还是那个被格格玛欺负但是全心全意无条件包容她的人还在，那个说完阿里里花钱大手大脚后就给阿里里打钱的人还在；那时候三个人还在金鱼篱里面住着，金鱼篱里面还住着三个人。

金鱼篱孤单地站在一栋栋乡村别墅的中间，像一个臃肿丑陋又落伍的老妇人。她不知所措地站在那里，日复一日地等待着那个最热闹节日的到来。但她知道她再也看不到那个拎着大包小包礼品的粑粑桑回来了，剩下两个麻木的人儿机械地度过那个热闹而喜庆的节日。

金鱼篱那栋小小的房子门前正中间的地面上刻着的金鱼，已经被多年来来来往往的脚印踩踏得看不出它鱼鳞的形状。像大多数普通人家一样，年年有余的美好愿望依然没有实现。

金鱼篱是一栋很小很破旧而且冷清的房子。

落　日

于　畅

1

深夜从打工的便利店出来时，JR末班车已经停运，只能走回家。

下午和千雪通话，她漫不经心地抱怨着今天的客人，平野听着手机那边的电波组成的她的声音，不知说些什么最为恰当。

"周日要参加朋友的婚礼，去找你买花好吗？"

在千雪的花店里也是要付钱的，尽管她一开始极力拒绝。

生活一直是很艰难的。这一点对于他们来说没有区别，所以就不要"客气"啦。

平野回到出租屋里自己的家，打开书桌前的台灯，铺开纸笔。最近创作灵感十分干涸，要么不满意刚刚写下的东西，要么瞪着白纸头脑也一片空白。

也许他终究不适合当"作家"吧。虽然厌恶写游戏脚本和代写剧本小说，但为了活着还是要时而接一些这样的工作。他的最高理想是写出像《丰饶之海》一样恢宏的长篇小说。可是他这辈子还能写出那样的小说吗？住在出租屋里，工作是便利店售货员，假期没有朋友找的时候，就窝在床上看一天书，似乎完全没有所谓的"生活"啊。没有"生活"又怎能用文字讲述生活呢？

来到东京以后他的朋友更少了，在这里大家都急匆匆的，没有时间为迟钝的人停留。他已经开发了六条从便利店走回家的路线，远近不同，经过的街区风景不同，遇到的人也不同。比如说争吵的情侣，加班的白领，从居酒屋出来醉醺醺的大叔，坐在路边不知道在想什么的流浪汉，借由参与了他们生命中的一个小片段，窥探到他们的一小片生活，然后通过他丰富的共情力和感知力，一点点勾勒出他所处的世界的样子。

他习惯了在寂寞中观察别人的生活。

但千雪是例外。平野中学时代为数不多的好友，唯一能与他讨论文学，能理解他的孤独，也与他一样孤独的朋友。高中毕业后，千雪没有申请到公立大学，家里没有钱，心一横就来了东京，一边打工一边读夜大。平野在一所很一般的私立大学文学系度过了平庸的四年，没有学到什么，毕业后家里不怎么给钱了，他也就来了东京。

133

2

周六下午平野去千雪的花店，请她挑了些花包起来，两个人有一搭没一搭地闲聊着。

"最近有画什么画吗？"

"还没有，事情太忙了。平野君的创作进展如何？"

"没有什么进展。"

"这样啊。"

千雪换了发型，剪掉原来浓密的长发，短发末梢烫了卷，显得更加温婉成熟。她仔细修剪好花束，包装起来给平野。

"搭配得很漂亮，谢谢你。"平野递给千雪一张纸币。

"谢谢你。明天玩得开心哦。"千雪接过纸币，微笑着。

年少的好友也不可能一直无话不谈啊。平野抱着花走出门。到了东京后，他们之间的距离就开始越来越远。千雪在辛苦地坚持着美术的梦想，他在文字与生活之间的迷雾中奔走，两人都无暇顾及对方了。

千雪始终是目标明确并果断追求的，她在夜校修了美术，经营花店刚好可以负担继续学习绘画的费用。如果千雪有一对稍微不那么窘迫的父母，那她的生活早就与现在不同了，她会在著名的美术学院取得学位，然后投身那个她真心热爱的行业。

不过这样也不至于丧失希望，大概终有一天她会熬出头的吧。平野感到千雪的未来与自己的在不断地偏离，他好似离了轨，茫然地望着她前进的背影。

第二天平野去参加婚礼。这位是他的大学同窗，事业小有起色。平野与他也只是浅交而已。送过花束，朋友拉着他寒暄几句："平野啊，现在还是单身吗？"

"嗯，还没有女朋友。"平野有些害羞地低下头。

"那改日我给您介绍几位吧，我们公司有不少单身女孩子呢！哦，平野君，怎么面露难色呀？难不成您已经有喜欢的人了？"朋友轻快地勾上平野的肩膀，在他耳边故作秘密地说道："有喜欢的人，就早点告诉她哦！哈哈！"

婚礼上的人都兴奋得不自然，平野觉得他们像在演戏。他找了个借口提前离开了。今天没有工作，没有人可找，回家也没有事情做，干脆搭地铁去上野公园转转好了。美术馆里的展览不感兴趣，他就在公园一角的长凳上坐下，掏出包里的小说读了起来。不时地，他观察着公园里的人，吵闹的中学生，一家人，拍照的游客，卖艺的，写生的，还有极少数的和他一样孤孤单单的人。

看完了整本小说，已经到傍晚了。落日正像一颗饱满的鲱鱼籽一样缓缓西沉。平野木然看着落日，忽然觉得，整个上野公园，此刻只有他一个人。

与下班的人们挤一条地铁，走一条两侧全是店铺的路回家，然后坐在小小的书桌前浮想联翩。休息日平淡的夜晚就这样度过。

3

此后几个月，休息日里平野都会去上野公园，有时看展览，有时在长凳上看书，直到鱼子般的落日从天边消失，余晖将他的脸颊和书页映成金黄。

在这段时间里，他的写作计划几乎没有进展。平野的思维似乎被什么给攫住了，那是一团黏稠的东西，沉在他的心底，不痛不痒，却十分憋闷。代写剧本和游戏台词的工作越来越少，现在他的心境，连装模作样的文字都无法生产出来了。

本来就不多的收入又减少了，平野不得不在休息日另找一份兼职。这样一来，每一天都变成了早出晚归，他再也没有见到落日。

一个普通的深夜里，从便利店下班，平野挑了一条路回家。加班的白领们都已经从居酒屋离开了，整条街静得出奇，只有一个流浪汉背着包，缓慢地走着与他同行。平野超过他时看了他一眼，流浪汉也看着他，目光波澜不惊。

在路灯暖黄的灯光下，平野的心一点点沉到了海底。

他想，那个人的目光就好像他的生活一样，空虚而寂寞；他想，那目光背后一定也隐藏着他曾经热闹的过往；他想，可深夜里相逢的生命，无论有过多少激情，此刻都一样的干瘪。

平野的生活是什么？是文学吗？文学的本质是什么呢？他曾以为观察别人的生活就足以创作文学，可当他从别人的生活中看到那根本性的虚无与自我的干瘪时，他恍然想到，自己可能从未真正地明白"文学"意味着什么。

他始终坚信自己是一面映照着他人生命的镜子，可相比他人生命的厚重，镜子本身的存在不值一提，镜子只拥有寂寞与孤独。

他突然很想千雪。发了一条短信给她，她没有回复。

4

所有不好的预感，都会迎来应有的结局。

平野听着电话那边千雪好听的声音，停顿再三，告诉他，开花店攒下了一些钱，她要去外地继续读美术，大概要三年。

三年后吗，也许回东京，也许在其他地方。那时就有缘再见了。

"平野也要好好生活哦。"

"千雪……"平野着急地叫了声她，可接着他再也说不出一句话了。

"嗯？"

"我，很……舍不得你离开。"

"我知道。"

千雪的声音非常平静。平野听到电波在他们之间流淌的声音，千雪纤细的呼吸声，以及他那颗心脏疯狂跳动发出的怦怦声响。

"那……祝你一切顺利。"

"平野也请保重。"

千雪走的那天，平野请了假，帮她收拾行李，搬上计程车。千雪没有让他送到机场。

千雪送给他一幅画，画的是春日樱花树下赏樱聚餐的中学生。

平野抱着卷成一卷的画，坐在公园里他常坐的长凳上，看着书，可是一个字也没有记住。

他手里的书是太宰治的《斜阳》。

落日出现在天边时，他的眼泪也溢出了眼眶。

就像那平淡无趣的生活，就像那无疾而终的感情，就像路灯下那个流浪汉孤单的身影，就像那句他终究没能说出口的"喜欢你"。

就像这段故事的匆匆结尾……

人生里不会有什么完美的落幕，不会有什么恰好的感情，也不会有什么如愿以偿。

　　其实没有什么可难过的，不过是看到了落日而已。

　　是时候回家了。

　　是时候找一份稳定的工作了，杂志社编辑怎么样。

　　平野这样想着，向JR上野站走去，不一会儿他瘦削的背影消失在了人潮中。

而我听见下雨的声音

而我听见下雨的声音

夏南年

所爱隔山海，山海不可平。你不在，千山万水再没法变一马平川，所以你要快点儿出来呀陈苏桐，林清歌等了你那么久。

百叶窗折射的光影，像有着心事的一张表情

2015年的初冬，骤然转凉的温度冻坏了陈苏桐送给我的非洲茉莉，也让裹成肉球的我最终难逃感冒的袭击。

我把莫小浅留给我的那瓶水喝了个精光，蜷缩在被子里拨通了陈苏桐的电话，大概是同病相怜，到了这种时候还想着那棵已经和我一样半死不活的在北方开不出花的树，对着电话嘀嘀咕咕："陈苏桐，你快来我寝室的楼下，把那棵非洲茉莉搬到温室去。"

电话那头他毫不犹豫地说，"不就一盆花吗？你自己先搬去呗，别的女生搬不动，我就不信你还搬不动了。"

你大爷的"别的女生搬不动"，我差点儿就爆粗了，我是那种娇滴滴的女生吗？要不是真不舒服，我能打这个憋屈的电话吗？

不知道是不是天寒地冻容易伤心，我难过地眨巴了半天眼睛。躺了十分钟后，我又很没骨气艰难地从床上爬起来，裹上羽绒服和围巾，颤颤巍巍走到楼下端起了那盆异常沉重的树。

当初陈苏桐在我的威逼利诱下把花当生日礼物买给我的时候说得多好听啊，"林清歌，你不是喜欢花吗？听说非洲茉莉开花时能香满十里呢。"可是后来这个傻子才知道，北方的温度不够，那盆花永远不会盛开。

我一边想一边哼哧哼哧把花往温室二楼抱，一走神就出问题了，不知道谁在楼梯上泼了一摊水，我一脚踩上去连同花一起摔在了地上。

这真是场恶战啊陈苏桐，连你的花都非要跟我过不去，花盆落地的那一瞬间碎成了几瓣，其中一片划破了我露在袖子外的胳膊，血滴到了楼梯上。

按照小说的套路，此刻应该会有个好看成熟的男生经过吧？可是我等得黄花菜都凉了也没等到，想起莫小浅正在上母夜叉的课，犹豫了一下再次拨通了陈苏桐的电话。

"林清歌你能不能消停点儿，我好不容易能约到夏婉莹出来。"我还没来得及吭声，陈苏桐就对着电话一通乱喊，吓得我差点儿把手机扔到地上。

我也绷不住了，对着电话一通乱喊："陈苏桐你是不是东西了，重色轻友的家伙我看错你了，我快死了你知道吗好好约你的会去吧……"我的手一点儿都不争气，没等我发泄完就把手机扔到了地上，哦不，是在我的眼一黑、意识消失前，把我省吃俭用新买的手机轻轻放在了地上。

前一个手机是陪陈苏桐打球时摔坏的，我倒在这里是因为陈苏桐的非洲茉莉，我这么英勇无畏不要儿女情长的女生在号啕大哭前晕过去也是拜陈苏桐所赐，所以我在彻底失去意识前对自己说，再也不要理陈苏桐那个混蛋。

青苔入镜，檐下风铃摇晃曾经

醒来时莫小浅正一脸担忧地望着我，见我睁眼直接给我了一拳，

而我听见下雨的声音

"好啊林清歌，你玩自杀也不能连累花吧？"

我下意识地望了一眼空无一人的四周，有点儿失落，莫小浅斜了我一眼，"人刚走，看了你一天半，连口水都没喝。"

我的脸腾得红了，恢复了一点儿理智后趾高气扬地摆摆手，"以后都不要跟我提那个混蛋，要不是他重色轻友，我也不至于落得这样的下场。我要跟他恩断义绝。"

莫小浅用看神经病的眼神望了我一眼转身走了，大概以为我摔傻了，懒得理我。

空荡荡的寝室里又只剩下我一个人，我的思绪一不小心飘忽到了陈苏桐，我咬牙切齿安慰自己，不理他不代表不能想念，于是下一秒我直接自己打脸，陈苏桐黑着眼圈探进来半个脑袋，一脸惊喜，"你终于醒了，你吓死我了。"

我想也许是陈苏桐良心发现心里有点儿内疚，在我的手腕裹着厚纱布动弹不得的这段日子里，他对我照顾得无微不至。我要喝凉水他不敢给我倒温的；我要吃坐半个小时车才能买到的灌汤包他不会去学校门口给我买，好在我大人大量，大多时候只是让他陪我一会儿。

莫小浅一脸疑惑地望着我，"别人生病都趾高气扬好像中了大奖一样，你怎么反而成了温驯的小绵羊？"我斜瞄了陈苏桐一眼，心想当然要变了，要变得像那个不知道从哪里冒出来的夏婉莹一样。

忘了说了，直到陈苏桐对着电话大声嚷嚷着夏婉莹的那天，我才如梦初醒，将从前那些甜蜜白痴的幻想抹得一干二净，不然莫小浅那天也不会觉得骂陈苏桐重色轻友的我神经病。毕竟啊，在莫小浅连同全班同学心里，陈苏桐会喜欢的女生，只可能是我，连莫小浅都是个打酱油的。

只是直到现在，我都不知道这个夏婉莹到底是何方神仙，天地良心，那天是我第一次听到这个名字。

大概是陈苏桐对我太好了，让我不知不觉习惯了对他一边吆五喝六一边心心念念，也让一向不那么自信的我从未怀疑过自己是他心目中的不二人选，可是我真的不是自恋啦陈苏桐，哪怕是现在，不然为什么你时时刻刻守在我身边，望着我的目光里闪烁着漂亮的阳光，也不见你再提起那个突然冒出夏婉莹呢？

空间里有很多类似的问题，那些无聊的人生怕带不给别人伤心，他们问，如果可以让你选择重来一遍，你会选择不遇见那个人吗？百分之九十都说，再来一遍还是想遇见他，错也错得值得，可是陈苏桐，大概我没有那么喜欢你，我突然开始犹豫，如果重来，也许不遇见你才是最好的选择，对吗？

如果不遇见，就可以不忘记，你不用对我比对别人多好一些多陪伴一些，我不会误会，也就不会胡思乱想把生活和脑子一起搅得一团糟。

窗台上滴落的雨滴，凄美而动听

也许老天只爱笨小孩儿，踏踏实实地许愿的哪一种，我不是，所以当我数着最后一点儿时光，安安心心享受陈苏桐给我的幸福时，居然和夏婉莹发生了一件电影里才有的大事。

陈苏桐和莫小浅赶到时，我正目瞪口呆望着百年的老戏骨夏婉莹，明明是她莫名其妙把我叫来这个巷子说要请我聊聊天、明明我没听说过这里还有什么喝茶的地方特地确认了好几遍地址有没有错，当我手里拿着可乐的空瓶子配上她那身洒满了棕色不明液体的白连衣裙时，我觉得就算我有一万张嘴也说不清了，特别是陈苏桐愤怒地望着我，眼睛里连一丝一毫的诧异都没有。

陈苏桐一把拿过我手里的瓶子，"林清歌，你能给我解释下她的衣服是怎么回事吗？"

"我说是她自己洒上去的你信吗？"我死死盯住陈苏桐的眼睛。

"你以为她有病吗？"陈苏桐转过脸，抓了几张纸巾擦夏婉莹的裙子，还细心地问她到底是怎么回事。

我当时就想破口大骂了陈苏桐，我都说了原因了，自我们认识这段时间来我是怎样的人你还能不清楚吗，可是偏偏在这样的时候将我的自尊心狠狠地踩在脚下。

我的心里涌起了大片的失落，看着陈苏桐拉着夏婉莹的样子，我微微笑了下，挽住莫小浅的胳膊，"你看他们真是一对璧人。"

然后凉凉的风里，我的眼泪扑簌簌落下，消散在车水马龙的景色里。

陈苏桐和夏婉莹说说笑笑上出租车，我隐约听到夏婉莹大度又委屈地控告我莫名其妙泼了她一身水，"没关系的陈苏桐，也许林清歌只是怕失去你这个哥们一时冲动而已。"

这次换我拉住了莫小浅，夜色深沉，莫小浅一脸严肃地对我说："今天真是长见识了，总算知道了什么叫大开眼界，你说要是我语文是夏婉莹教的该多好啊。"

我扑哧一声笑了出来，莫小浅这丫头总算还有良心，即便全世界都在唾弃我否定我，她还是一声不响站在我身边选择无条件的陪伴。

我才不要为了儿女情长伤心，大大咧咧地回应莫小浅："为什么我这么孤独！因为我爱得深沉……"说了一半我自己就笑场了，笑着笑着又有些酸涩，夏婉莹给我短信，她只骗陈苏桐这一次，因为她最大的梦想就是让他陪伴在她身旁。

而我呢？我绞尽脑汁想，对我来说，明明喜欢一个人应该是拼命对他好，再默默地等待他看见卑微的自己啊。

想起你用唇语说爱情，幸福也可以很安静

我对莫小浅说，我和陈苏桐连朋友都不是了。

凉凉的温度，莫小浅的叹气带着白色轻柔的雾气，"你们这是干什么呢？怎么突然这样了，清歌，到现在他都不知道你汉子的外表下藏了什么小心思，你真的甘心吗？"

莫小浅这丫头真是太没有良心了，直接往我的伤心处戳洞洞，还一戳一个准，没有不甘心也没有二锅头，我一把拽住了莫小浅，"走吧，你都这么说了，好歹在绝交前也该把这事通知他一声。"

莫小浅一听有好戏看，屁颠儿屁颠儿拉着我往外跑，跑了一半停住了，"可是清歌，我也有好几天没见到陈苏桐了，压根不知道他在哪儿。"

我瞥了她一眼，默默掏出了手机，"你看定位，我手机里有他的GPS跟踪。"果然莫小浅一下就跳起来了，差点儿把我的手机扔到地上。

"林清歌这样的铮铮女子汉居然会做出这种事？"莫小浅一副不认识我的样子，心里微微颤动了一下，就好像，蝴蝶的翅膀在风中扇动，我让莫小浅别废话，之后去书吧的路上沉默不语，陈苏桐，怎么办啊，我突然想起那次我们目瞪口呆地看到GPS追踪的神奇功能后，想到的是互相给对方的手机里放上自己的行踪。

那时候陈苏桐一脸嫌弃地看着我，"别多想啊，我就是怕你那么笨，万一哪天走丢了莫小浅肯定会逼着我担责任不是。"

我假装生气地使劲儿掐他，他还是笑眯眯惹人嫌的样子，甜蜜的风却坠落在心里。陈苏桐，这几年没有看过你这样陪在谁身边，可是为什么最后不是我。

街边的书吧，透过干净漂亮的彩色透明玻璃，我看到有穿着女仆装的服务员端着两杯我最爱的西瓜汁走到陈苏桐和夏婉莹的面前，西瓜汁香甜的味道好像已经飘进了鼻翼里，我却有种吃了坏苹果的酸涩。

我看着陈苏桐熟练地将吸管弯好插进杯子，递给夏婉莹时顺手压了压她手中厚厚的书，好让她看起来更方便。

"怎么了？"莫小浅顺嘴问道，说完一脸担心地望着我。

"没事儿，我们进去吧。"我努力挤出一个正常的笑容，拉着莫小浅大步往书吧里走。小时候就是这样，不该笑的时候想笑就想想难过的事情，想笑却不开心的时候想想好笑的事情，我们都不是什么特别的人，在这个世间只是沧海一粟，快乐和悲伤都能来得简单又分明，所以没什么是过不去的坎。

书吧欢迎光临的声音很好听，像小鸟在叫，陈苏桐下意识地望了大门一眼，看到我的那一瞬间，眼睛里竟然亮起一团光，几天不见，面对他的时候竟生疏了几分，神通广大的莫小浅跳起来活跃气氛，于是陈苏桐毫不见外地问我和莫小浅，要不要跟他们一起去漠河。

我清楚地听到，陈苏桐说他和夏婉莹时，用的是"我们"。可是陈苏桐，漠河是我最想去的地方，那次你也说我们，以后一定要去。

莫小浅阴阳怪气地说："哟，要一起去看极光啊。"

"闭嘴！是陪夏婉莹去她的老家处理点儿事情。"陈苏桐瞪了莫小浅一眼。

莫小浅恍然大悟，"原来是去见家长。"

我看他俩在这像演双簧似的，扑哧一声笑了出来，夏婉莹夸张地掏出手机看了一眼，大呼小叫："清歌姐，你先在这看他俩演冤家，我还有事，先走了。"

夏婉莹临走时用特别奇怪的目光看了我一眼，我根本没理解她的意思，直到后来，脑海中依稀浮现出她的表情，才恍然那天她的意味深长到底代表了什么。

要是当初我拉住她问一问就好了，可是谁让那时候，我可笑的自尊心告诉我，她是我的敌人呢。

回忆是无从剪接的风景，爱始终年轻

我决定去漠河了，自己一个人，我想那是曾经说好和陈苏桐一起去的地方，当我们同时踏上那片土地，呼吸同样的空气，也算是一起来过了。

我请了七天的假坐上和陈苏桐不同厢的同一列火车去漠河，从我们这里去漠河要十几个小时的火车，我昏昏沉沉地睡了一路，耳边循环播放的歌里有下雨的声音。

下车时我躲在暗处顺利找到了陈苏桐，唯一奇怪的是，我等了很久也没看到夏婉莹在哪里。

这时手机叮咚一声，莫小浅笑呵呵地问我路上怎么样，我觉得她今天的语气有点儿奇怪，还没发现问题在哪，再一抬头，突然找不到陈苏桐了。

我订了和陈苏桐同一家的客栈，原本的计划是跟着他去那里，走在他身边，看他和另外的女生走我最喜欢的地方。

我简直要爆炸了，来之前我做好了所有心碎的准备，却压根没预料过从看到陈苏桐一个人那一刻开始所有的计划都会乱套，更可悲的是，这种人生地不熟的地方，就算我手机的电量够我跟踪他三天三夜，我这样的路痴也实在没有自己找到地方的自信。

我像个壮烈的勇士般挤出人群，隐隐约约的，在宽大的马路另一边、摩肩接踵的人群中，好像有一件红蓝相间的格子衬衫，那是我陪陈苏桐逛了好久淘宝买来的，明亮有干净。

我下意识地大喊大叫着陈苏桐，像飞一般越过马路。

记得陈苏桐说过："清歌啊，你就不能遇到事情冷静一点儿吗？每次都扔下一堆烂摊子留我替你收拾。"

我厚颜无耻地嬉皮笑脸，"那你不收拾不就行了，宝剑锋从磨砺出！你不帮我，说不定我就学会冷点儿了。"

陈苏桐咬牙切齿冲我吹胡子瞪眼却又无可奈何。

所以啊陈苏桐，这次你又帮我收拾了一个烂摊子，可是之后还会有很多很多呢，你为什么要不告而别。

陈苏桐将我一把拉住，在我还没有闻到他熟悉的味道时被后面的车撞到了地上，救护车呼啦呼啦地叫着，白色的床单上盛开出鲜艳漂亮的花。

医生说万幸，那辆车的速度不快，陈苏桐站起来的可能性是百分之五十，但是复健的过程很痛苦，我做好了陪陈苏桐度过所有艰难的准备，手术后兴冲冲带着哭肿的眼睛拎着排骨汤走进病房时却没有了他的踪影。

莫小浅说，那次是她和陈苏桐说好的，夏婉莹陪他演的第二场戏。第一场就是我抱着非洲茉莉的那天，喜欢了陈苏桐很久的夏婉莹抱着复杂的心思让陈苏桐试探我的心意。第二场，陈苏桐知道以我的性格，一定会偷偷跟去漠河。

夏婉莹还是绷不住良心，主动告诉陈苏桐那天她自导自演的事情，陈苏桐不好意思主动和我和解呀，莫小浅说："我们都安排好了，你们两个别扭得不会表达自己的人去漠河，多浪漫啊多甜蜜啊。"莫小浅说着说着就哭了。

戴着白帽子的小护士看到我们泪眼婆娑的样子，递给我一张字条，顺带着安慰我："有什么好哭的呀，那个男生手术做得特别好，运气好的话不出三年就能恢复。你不知道，这对在鬼门关走过一趟的人来说是多好的运气。"

所以这就是你给我的答案吗陈苏桐，你说如果可以的话，等你两三年的时光，让你重新用最好的姿态站在我面前，当然如果我等不及的话，遇到了新的彼岸就快点儿离开吧。

你说："林清歌，我喜欢你。"旁边画着调皮的笑脸。

陈苏桐，这么多时光，我在你面前任性又小气，自卑还会把话藏在心里，但你还是一味包容疼爱。

我也喜欢你呀陈苏桐，天暖了，你给我的非洲茉莉重新长满了绿油油的叶子，所以你要快点儿回来哦，天大地大，有你才像家。

乌呼，你好阳光

原味觉醒

三 人 一 狗

那时，我初二，正赶上情窦初开的年纪，但我太闷骚，不敢和女生打招呼，我每天对着乌呼练习，乌呼，girl。

于是这只秋田犬才算有了正式的名字，乌呼。

我喜欢一个叫牛萌萌的女孩儿。

凭借着在家和乌呼的练习，我半路截住了她，并要到了她的QQ，但她好像对我不感冒，她的小伙伴笑眼弯弯，要是我，我肯定喜欢萧毅。

女生真可怕，惯用别人的强大来轰炸我的弱小，我叫杨光，笑容也很阳光，可怎么比得过颜值爆表的萧毅，不过，他不是小说中的王子——成绩好、品德好。

他是个坏学生，我怎么知道？

我偷偷看过他，耳朵上打了好几个耳洞。

萧毅因为打架在校会上做报告，教导主任骂一句，他答一句，我错了。大人们告诉我认定一件事，一定要善始善终，所以我一直努力着，我考了第一名，年级第一名，爸妈觉得我作弊了，他们说，杨光，你当我们是笨蛋吗？

没办法，第二次考试，我考了第二百五十名，这下爸妈才高兴了，觉得这是我的正常水平，我觉得我努力努力，第一名还是可以保持的，不过，我发现牛萌萌根本不在意我的成绩。

于是，who care？

我觉得是乌呼没有做好榜样，于是捏了捏它的耳朵，它猛地回头差点儿咬到我，瞪我一眼，又留个屁股给我看。

我觉得乌呼不是一只普通的狗，它在启示我，以恶制恶。

我打了五个耳钉，跟着萧毅混迹在台球厅，我看到很多女生，有比牛萌萌更好看的，可我还是喜欢牛萌萌，有人给了我一瓶摩丝，我三两下把温顺的头发，龇成一颗刺猬头。

当我努力向网吧发展事业时，他们告诉我，网吧门口有个人很像我，我想，恐怕很少人长得像我这么独特了吧。

被我妈一巴掌拍晕的时候，我还在想，真有这么像的人。我觉得我太单纯了，于是选择退出萧毅团体。

学校和家长还是很强大的，至少我改邪归正了，我天天抱着书去图书馆学习，牛萌萌的QQ我也删了，前几天，她发了个说说——我很幸福。

我不懂，她怎么就幸福了，听说她谈恋爱了，是个和我一样普通的男生，我更不懂了。

说好的萧毅呢？

于是，我明白，女生说的话，往往自相矛盾，比如：我妈无论看到哪个小孩儿，都会凑到别人家长面前，一口一个，哇，你看看，这娃丑的咧。

我冒着生命危险把妈救回来，她还说我傻，说什么说小孩儿丑是夸她长得标致。

我开始劝萧毅，知识改变命运

我觉得乌呼特别有毅力，它长牙要磨牙，家里每个角落都被它咬过，有时妈煮面掉了几根面条，它也跑过去，小爪子抱着面条，学剔牙。

我爸看不下去，扬言要把它扔掉，我觉得它挺可怜的，我妈幽幽地从厨房出来，提溜了乌呼的一条腿，悬在半空中，乌呼被吓到了，一动不动像个玩具狗，眼睛一直在打量我，以为我会采取点儿什么措施，我觉得乌呼这样摔出去肯定很疼。

哎哟，三秒后我妈一声惊呼，手忙脚乱地把单爪吊环的乌呼，抱在怀里，哎哟，抓错了，看把我气的，对着爸兰花手一指，姓杨的，你扔一下试试。

妈回里屋时，嘟囔了一句，如果没听错，她是说，没良心的，也就它能多陪陪我。

我看了眼爸，两个男子汉的约定，一定要对这个女人好一点儿。

因为牛萌萌，我多了个情敌，牛萌萌从我世界成过客后，我又多了个朋友，那就是萧毅。

我又考了第一名，在我成绩变好后，我开始劝萧毅，知识改变命运，中考我们考个好高中，以后考个好大学。

这时萧毅就会静下来，看看远方，风吹过树梢，带来一缕草香，画面美得我以为他会吟一首诗。

萧毅偶尔来我家，他坐在地板上和乌呼玩，与其说是玩，不如说是厮杀，乌呼完全是仇人见面，分外眼红，低鸣着想从后方包抄萧毅，只是每次还没冲到他跟前，就被萧毅用手巧妙地挡了回去。

萧毅指指快要气绝的乌呼，瞧，跟你一样，狗眼看人低。

我笑着踢他一脚，但分明看到了他眼角的落寞，像一根羽毛漫无目的的飘在空中，又被突来的雨滴重重砸下地面。

吃过饭，妈把我和萧毅赶进了卧室，萧毅嘟囔，到底是好学生的家，吃完饭就得啃书。

萧毅刚把书放在书桌上，妈一阵惊呼，杨光，那个什么NBA不是都开始了吗，还不麻利儿的，你们不是自诩是超级粉吗？伸手打开了卧室的电视机。

萧毅离开的时候，天已墨色，昏黄路灯还是照亮了他嘴角的笑，他竖起大拇指。

他是在羡慕吗？

陈寻？又是谁的匆匆那年

夏天的锋利，割开了潜滋暗长的秋，这一年，我们中考，进了同一所高中，牛萌萌没有进实验班，和萧毅一个班级，我想应该是所谓的爱情拉了她的后腿，我则牛气哄哄地杀进了实验班，妈说是祖上积德烧了高香。

开学那天，我安顿好后，看到了萧毅，他提着大大的行李袋，我说，这里，公寓。

萧毅摇摇头，宿舍在那尽头，顺着他的手指，我看到一栋爬满爬山虎的楼，陈色破旧。

他说，一样都是住人，那里便宜些，脸上爬满一种叫饱经世事的沧桑。

萧毅带我熟悉学校周边，游戏厅有几个，台球室哪个最近，后来我们才觉悟，已经是所谓的住校生，撒野也只能在校园里。接下来的日子，校会上领导一次又一次的激昂道：你，还有你，你们就是我们明天的骄傲。

我听得特开心，好像真就这么回事。

我看到牛萌萌，高高的马尾，一个粉色的发带，她仰着头，看着站在她前面的男生。

那不就是女生心中的男神萧毅吗？也不知道她的男朋友有没有考上二中。

班上的人都是各个学校的大神，如此高压的环境，我依旧茁壮成长，其实，我是横着长，因为缺乏锻炼我确实胖了不少。

每当下巴尖得快成锥子的萧毅来找我时，我总想大吼，靠，萧毅你要辟谷升天了吗，这么瘦。

就这样，分水岭横在了我们中间，萧毅加入了篮球队，朝着男神发展；我艰苦奋斗，顶着学霸的光环。

我以为日子会这样，说不上幸福，却也谈不上悲惨地过下去。

我已经好几次月考考得很差了，以至于好几次在考场碰到了牛萌萌，噢，我并不是说牛萌萌成绩不好，牛萌萌进考场的时候，马尾甩成一个弧形，我挑好显瘦的角度和她打招呼，可她看也没看我一眼。

我开始经常去萧毅班上找他，我要打篮球，我要长高，我要德智体美劳全面发展。他却说，别减肥了，你丑不仅是因为胖。

满满的负能量啊。

昨天他不在教室，班上的人都走光了，我在他教室里捣鼓了许久，鬼知道我在里面干了什么。

第二天放榜，我还没从再次滑铁卢的悲痛中醒来，就被同桌拉到萧毅班上，牛萌萌站在讲台上，眼神有点儿慌张，我看了眼黑板，几个粉笔字。

有人调侃，《匆匆那年》看多了吗？还方茴喜欢陈寻呢。

一个高个子走过来，拍我的肩，咋地呢，学陈寻呢，小说里不就是他写的吗？

我拿起刷子想擦，高个子按下我的手，有胆儿写没胆儿承认呢？

我没有抬头看他，只是一把粉笔灰拍在他脸上，走了。

我甚至没有来得及再看牛萌萌的表情。

还有那句，牛萌萌喜欢杨光。

我那一抹粉笔灰的动作很潇洒，其实是心里没底，长得寒碜，成绩也不美好，我得先努力，争了天下再来煮酒论英雄。

萧毅找到我的时候，我正蹲在天台上，杨光，你喜欢牛萌萌？

是。

是你写的吗？

不是。

萧毅"哐"地甩了个拳头给我，真疼，不然我眼里也不会饱含泪水。

杨光，瞧你那熊样，还是不是个男人了。

我挺了挺胸脯，憋了一口气，不是，我还小。

这时，楼下背语文的应景一句，问世间情为何物？

我顿了一秒，直叫人看了想吐。

萧毅好看地翻着白眼，难怪牛萌萌会那么喜欢他，这是个看脸的时代。

班主任警告了我，整段对话不过十分钟，中心思想：不要歧途误终身。

我又想起了那几个粉笔字，不对劲儿。

我明明……

最后一次听到他的消息，他在警察局

萧毅一个星期没来学校了，还记得那晚，跑完步，他躺在塑胶跑道上，用手框出灿亮星星的轮廓，我也有那么大的梦想，然后，他就开始笑。

杨光，我要离开了。

哦，对，明天还有早自习呢。

你说我是去广州、深圳，还是别的什么地方？

萧毅不像在开玩笑，不幸福的原因永远都是千篇一律，你随便怎么想。

萧毅，你不是说会好好学习吗？

杨光，你忘了是我赢了你吗？

那年初二，确实是萧毅赢了我，很明显，那时我被爱情冲昏了头脑，一门心思想找萧毅单挑，可是我势单力薄，我学他打耳洞，事后痛得我睡不着觉；我泡在台球厅，即使一盘球下来，我一杆都打不到。萧毅说，杨光，我们来比赛，谁赢了，对方答应一个条件。

我也是傻，一口就答应了，万一他要我抢银行呢。

我趴在地上，不能动弹。

回去学习，多去图书馆。萧毅疼得龇牙，却笑着说。

我没有想到瘦瘦的萧毅篮球打得那么好，我以为他只会打架。

那时的我们把学习当作煎熬，我想我如果赢了，我会让他考个第一名试试。

可是，他又在了哪儿？

最后一次听到他的消息，他在警察局。

153

萧毅的自述

他们说我是坏孩子。

我觉得我很积极向上。

他们说我是留守孩子，我啐了他们一口，我爸我妈活得好好的，你全家才是留守。

接触"留守"这个词，是电视播放留守孩子的专题，切到的画面都是破败的家壁，一个个孩子渴望又略显忧伤的眼神，我还想继续看下去，就被奶奶狠拍了头，看，看什么看，吃饭，饭是用来看的？叨念着关掉了电视。

我以为留守是失去双亲的意思。

茶馆在我们那一带很盛行，早些年，爸妈开了一家茶馆，不是吟诗品茶，而是一堆中年人吆喝着"三缺一呀，打麻将""玩扑克啊，炸金花"。

打牌有什么好处？看着他们发亮的眼神，总觉着瘆人，可是，我也学会了所有的牌法，耳濡目染。

他们经常打牌到深夜，早上，妈眼都不眨地从被窝里扔出两元钱，我买个包子喝杯廉价奶就上学去了，那时我还挺乖的。

可是他们开始吵架，因为钱的问题，赌嘛，客人肯定要借钱，源源不断地外借，多数又打了水漂，火爆脾气的妈为凑人数，拼齐一桌，自己却老是输钱，家里没赚还欠了钱，除了吃喝拉撒，还有什么事情可做呢？

那就吵呗。

她说，我跟着你过日子，晚上都是一两点睡觉，我图什么？

爸向来寡言。

是个人就借他钱，你又不去收回来。

他不吭声，烟头铺了一地。

你抽，一天一包烟，心都黑了，她作势拍掉了他的烟。

……

没过多久，家里就只剩了我和奶奶。那时，乡下的奶奶赶到家里，只有满地的碎渣。

奶奶眼神不好使，腿脚不灵便，我做什么事情都自由，那时我刚上初一，骨节还没拔节生长，就跟着大点儿的学生耍叛逆。

有时，早上我去他们家等着一起上学，紧闭的窗户里依旧吵骂不断。

我想，我们都一样，围城内外。

我们对着穿着宽松校服的女生吹口哨，看她们红着脸跑开。

以前的屋子很乱，大人们抽的香烟弥漫整个空间，奶奶把屋子收拾得干干净净，可是还是有烟味，她放了好多讨来的柚子皮，她不知道是我。

她说，你啊，却只是个孩子

初二，我认识了杨光，那时他整天跟在我屁股后面，我没什么钱，很少去网吧，可杨光要去网吧发展，他兜里有好多钱，也不知道是不是压岁钱，每张都皱巴巴的很可怜，没想到他却被一个女人拍晕了，据说是他妈。

也是，好好的一个孩子，出来混什么。

当时，学校有个女孩儿挺有名的，叫牛萌萌。

有时，我和杨光在路上碰到她，她有意无意地往我们这边瞟瞟，当时，我走的是冷酷路线，走得那叫一个目不斜视，完了杨光大呼一口气，好紧张。

又没看你，紧张个什么劲儿，我说。

对哦，我紧张什么。

你说，这么无聊的人，居然给我下战书。

老大，我要挑战你。某天，杨光跑到我面前。

好吧，我和他拼了一场篮球赛，虽然他动作不是很到位，靠着一股蛮力，把我撞得七荤八素。

什么惩罚呢，我想了很久。

杨光的妈妈来找过我，我没跑，我有什么可害怕的呢，我又没拐杨光，是他自己贴上来的，她说了很多，我只记住两句话。

她说，杨光啊，总想装大人。

她说，你啊，却只是个孩子。

不知怎么的，我想起了我妈，她大概不会懂得一个孩子躲在被子里偷偷想父母的心情；她大概不会懂得喜庆的新年只等到一叠清冷的钱的心情；她大概不知道奶奶迁怒土狗后来想悔过却不得的心情。

我对杨光说，回去学习，多去图书馆。

杨光考了第一名。

他说，如果他考了第一名，我就得乖乖回去上课。

其实，如果他不考第一，我也会乖乖回去上课，没必要和自己的未来过不去。

杨光妈妈叫我去她家，出乎意料的是，我看见了"乌呼"，天知道，这是什么奇葩名字，我记得它头顶皮毛上的那一朵白花。

我要钱，好多好多的钱。

升高中，我和牛萌萌一个班，她有点儿高冷，听别人说她喜欢我，不可思议，她一句话都没跟我说过。

至于杨光的《匆匆那年》事件……

那天我出了校门，才想起杨光要找我减肥这件国际大事，折回教室就看见，这个没胆儿的在黑板上，一笔一画地写：牛萌萌喜欢杨光。

喜欢就得说出来嘛，又不是封建社会。

可谁又不是这样呢，远远地看着，以为这样才持久弥香。

我想离开，在学校又不能一夜暴富。

一篇报道说，临终病人常处于脱水状态，吞咽出现困难，周围循环的血液量锐减，所以病人的皮肤又湿又冷，摸上去凉凉的，不要以为病人是因为冷，需要加盖被褥以保暖，相反，即使只给他们的手脚加盖一点点重量的被褥，哪怕是一条丝巾，绝大多数临终病人都会觉得太重，无法忍受。

所以当奶奶临终的时候，除了她身上足以保暖的薄毯，我不允许任何人给她加过多的被褥，我想她已经看到，蓝的天，轻的风，绿的树，鸣的鸟……没有一点儿束缚，赶回来的爸妈骂我不孝，我说，那这几年你们少有的几次回家，还总是吵，在奶奶面前算什么？

他们不说话了，脸上尽是岁月的吻痕。

确实，没有什么可说的。

奶奶最后的话，我没听清，我想她一定是要我好好的，就像当初她知道我有恶习，也能改正似的。

我守了奶奶七天的孝，爸爸问我，小毅，你想要什么？

我说，我要钱，好多好多的钱。

爸说，你怎么这么不听话？

第二天，爸就走了，火车票，无座。

不久，妈接到电话，出事了，萧毅。

我跟着妈坐了去C市的火车，时间赶，我们买的硬座，三十个小时，车厢拥挤得像新闻联播里的春运，汗味、方便面味、烟草味混着小孩儿的哭声，走道里站着无座的旅人，大多熬红了眼。

爸也是这么去的吗？

还是他们每一次都是这样？

来到警察局，休息厅蹲着、坐着好多民工，有人头上缠着绷带，爸也在其中，蓬乱的头发，粗糙的手掌，一点点刺痛了我的眼睛。

爸说，卷钱跑了，去年帮的那个老板钱还没拿清，今年又守了一个新年，都没给他逮到。

妈走过去，从包里扯出一块面包，摔在爸胸前，瞧你这没出息的。

回到学校，高二教室正在举行期中考试，路过考场看见杨光，他又走神了，难怪考得越来越差。

杨光转过头，我看到他瞳仁里，那个青葱少年，笑得暖日如风。

乌呼，你好阳光

杨光在教室里，吓了我一跳。

他飞快地擦掉黑板上的字，可我看到了，牛萌萌喜欢杨光。

他离开后，我手指顺着黑板上的字迹，游走了一遍，有点儿怦然心动。

后来，我重写了一遍。

我想如果放在三年前或是三年后，我都没有勇气这样做。

他没有萧毅帅，傻丢丢的，他要了我的QQ，我竟默默注意了他，很幸福，有个少年喜欢的感觉。

有人谣传我交了男朋友，我很苦恼，不知道他会不会因此对我改观，噢，他还删了我的QQ，联考的时候，我败北了。

不算很差，我和他一个学校，有时他会来教室看萧毅，他成绩不稳定，有时甚至坐到我在的考场。

不过，这样也很美好。

虽有起伏不定，但我们都在成长，最真实的青春，理应披荆斩棘。

六月，会春暖花开。

我路过步行街，巨型广告牌闪烁着鸿星尔克最新的创意广告。

一个好听的女声：乌呼，你好阳光，乌呼in the sun。

少年，we are in the sun。

关于济南，我知道的不多

李阿宅

　　其实我对济南这座城市一点儿都不熟悉，甚至陌生到好像从来没有在这里生活过一样。

　　那天和朋友开车从郊区回来，城市夜晚霓虹闪烁，车水马龙，等红绿灯的时候我看着道路两旁亮起的广告牌毫无征兆地哭了起来。我哽咽着说："我为什么找不到一点儿归属感！"它拔地而起二百多米在夜色中变换着颜色的第一高楼与我无关，它拥挤的万达广场与我无关，连每晚泉城广场音乐喷泉响起时每个人脸上挂着的那种发自内心的快乐都与我无关。

　　朋友把车停靠在路边，点了一支烟就那么沉默地看着我蹲在地上号啕大哭。是真的难过，你在这个城市生活了那么久，却发现依旧什么都没有，不管是感情的拥有还是物质的获得。我红着一双兔子眼抬头看着他，我觉得这座城市一点儿也不爱我。朋友是这个城市土长土长的土著，他说："其实是你一直在疏离它。"

　　其实我一直都没有懂得他的意思，我明明是那么努力想要靠近融合进这座城市。

1

2012年的夏末，是我第一次来济南。

是一班深夜的火车，为了赶车方便，我寄住在火车站对面的堂哥家。凌晨两点，堂哥把睡梦中的我叫醒，拉着我那只硕大的枚红色的行李箱将我送到火车站。凌晨的北方小县城还在酣睡当中，道路上看不到人和车的踪迹，只有不知名的蚊虫围着头顶没有规则地转圈。月台昏黄的路灯将我和堂哥的影子拉长，他说："下车给你爸妈打个电话，别让他们担心。"我点点头，眼泪差点儿就要掉下来，我知道那会儿我爸一定没有睡觉。

那之前的整个夏天，我爸都在为了送我去济南准备着。他剪了一个新的发型，刮了胡须，买了一套新的西装和皮鞋，逢人就说："闺女进了济南的国企，我要送她去上班。"脸上是喜不自胜的表情。

我却为此苦恼。那时候我还是一个尚未和自己出身学会和解的姑娘，甚至是被虚荣紧紧裹挟，我害怕农民身份的父亲出现会让我丢了颜面。于是出发之前的那个下午，我看着正在洗漱的父亲说："你别去送我了，你什么都不懂，我还要照顾你。"我以为我已经用了尽量婉转的语言，并且换了轻松的语气，可是那瞬间我还是看到他眼里流露出来的失望与担心，他抹了一把脸上的水说："我怕你一个人处理不好。"

"又不是第一次出门，十六岁开始就一个人去外地上学了！"

他讪讪地收起西装说："好。"

而那时候不成熟的自己迫不及待地想要飞出这座破旧落后的城镇，去更大的城市实现更饱满的人生，却无暇顾及被我伤害到的父爱。

但更大的城市并没有我想象中的那么美好，当我从济南站出来，像进入了迷宫，在几条道上来来回回走了无数次，陌生的街头，忙乱的人群，那种势单力薄的感觉至今犹记于心。同时来单位报道的其他五六个人，无一不是父母开着豪车前呼后拥地照顾着，唯有我一个人形单影只地站在他们旁边，脸上挂着笑容看起来是一副坚强独立的样子。

后来当我从这座城市出发，走过更多的路看过更多的书，成了别人眼中活得有点儿自在的人时，我就突然明白，并不是所有光滑优雅的命运才能被称为好的命运，失望中，也包含着超出想象的力量。

2

我告别家乡来济南的那一年，也有人告别北京回到了这里，比如我的朋友茄盒。

茄盒以前在北京的时候做地下摇滚音乐，住在郊区一间破旧的小平房里。我看过他以前的照片，背着吉他走在天桥上面，皮衣军靴留着齐肩的长发，照片是从远处仰拍的，我看不清茄盒的表情，但我想他脸上一定挂着桀骜不驯不对生活轻易妥协的倔强。回到济南之后，茄盒剪了干净利落的短发，在一条老巷子里开了一家酒吧，那把跟随他北漂了很多年的吉他安静地在墙上挂着。纵然根系紧紧地盘虬在这座城市，但茄盒从不避讳自己对北京的热爱，相比这个安逸的城市，他总说自己更喜欢伴随着汹涌的人群穿越北京的十字路口的感觉。他很认真地看着我说："就算什么都不做，晚上站在北京的天桥上看车水马龙，那种繁华都足以让你心胸澎湃。"

我问他为什么回来，他说还是这座"四面荷花三面柳，一城山色半城湖"的小城更亲切，亲切到仿佛只要一回忆，就能嗅到大明湖满湖荷花扑面而来的香气。

后来我自己也去过一些地方，越是发达越是繁华我越是紧张，在北京时我连地铁票都不肯自己买，非得把钱塞到檐萧手里。可后来的这些旅行，在相对蛮夷的小城镇，全都是我罩她。

想来想去，便觉得还是生活在济南最舒服。

有些风景，我认为是在北京无法随处可见的，比如天天趴在我楼下储藏室屋顶的那只肥肥的白猫。它总是在大太阳下慵懒地睡觉，有一次我还看到有个淘气的小男孩儿，撩起肚皮和猫一起并躺在石阶上晒太阳浴。晚上的时候穿双人字拖就能沿着大明湖散步，周围亭子里不时传来各种乐器的声音，还能欣赏到大爷大妈们浑厚嘹亮的歌声，偶尔可以遇见几个抱着吉他卖唱的人。

济南是以泉享誉天下，所以在济南拐个弯就能碰见处潺潺流水的泉眼，也是因为此，济南至今都没有开通地铁。

济南是泉城，所以济南人民是不喝矿泉水的，他们习惯每天早上拿着个水桶，去黑虎泉或者珍珠泉排队接上一桶足够喝上一天的泉水。很多来济南旅行的人，也不会去买一块钱一瓶的农夫山泉，而是拿着一个空瓶子，渴了随处都可以接上一瓶泉水，冰冰凉凉的，喝得人身心愉快。

3

闺蜜慧姐说，济南不是一座文艺的城市，它是用来生活的。

记得有几年曾持续陪朋友在大观园一个男人那里买打口的唱片，他把头发染成黄色，又留得很长，厚实的脸庞，是我在这城市里最初的记忆。后来朋友去了韩国留学，回来的时候我陪他重新去找他的店，发现曾经显眼的招牌赫然不见，而那间门面也变成了杂货铺。发QQ询问，他已改行卖衣服了。说不尽的难过，总觉得这么一个拥有深厚历史文化底蕴的城市，应该有一些文艺姿态存在的，但是好像任何与理想乌托邦挂钩的词语都与这里无关。济南甚至都找不到一家正规的青年旅社，唯一算得上文艺小资的地方就是咖啡馆了。

山师东路有一家叫作"三楼上的猫"的咖啡馆，在我刚来济南时是我闲暇时唯一可以待的地方。设计的格局，灯光，流淌的音乐，沙发，和各种风格的书籍。虽然它仍有缺陷，可依然有让你停留的理由。店内时常就我一个顾客，其他几个都是店员或他们的朋友。一直很纳闷他们是靠什么维持的，貌似，理想的肚子在济南总是饿着的。

后来我不再混迹于咖啡馆，开始花一块钱坐车到慧姐家混迹一天。其实我特别感激慧姐的存在，即使很多时候她总是在吐槽我的穿衣风格，鄙视我的各种不靠谱，嫌弃我矫情的文艺情怀，甚至我们连价值观都不太相同，但她还是我在这座城市里唯一慰藉。我失恋关机，全世界都找不到，也没人找我的时候，她大半夜开着车"砰砰砰"砸开我的门，臭骂我一顿，然后拉着我跑到楼下的小酒馆，一人抱着一瓶崂山喝到抱着痛哭。

我在这座城市爱过伤过也深夜痛苦过，在泉城广场摆摊被城管追赶过；在滂沱大雨中和朋友看球回来，三个人挤在狭小的摩托车上大声歌唱过，也有因为心怀善意，而在实习时候让人把自己工资全部骗走的惨痛回忆。除了济南，再也没有一个城市可以承载我这么深重的感情与回忆。我知道今后不论我背着行囊走向哪里，都不会影响我对它深深的，深深的怀念。

这里不是我的故乡，但是我生命的底色。

而我听见下雨的声音

星光落你眼底，有我沉醉的笑容

夏南年

有时候，对一个人的感情不是喜欢，也不能够喜欢，那就静静地看着他，把与他在一起的每一天都当作不可复制的绝版，深深印刻在心里。

1

六月里的学校，几棵树还盛开着合欢花，生动地招摇在枝头，胭脂色的扇坠似的，抖落着少女粉色的心事，柔软明亮，煞是好看。

"哎，你听说何老师生病住院了吗？"秦安之刚在座位上坐好，闺密的脸就凑了过来，"听说还是不短的一段时间，终于能摆脱她了。"闺密快要喜极而泣了。

"那万一换来的临时班主任跟她一样呢？"期待越大失望就越大，秦安之及时给她泼冷水。

"闭上你的乌鸦嘴吧。"闺密气得一巴掌拍在秦安之身上，班里的哄闹声一下子停了，秦安之下意识地抬起了头。那是她第一次见到舒勃然，二十露头的模样，站在教室门口笑容满面地望着乱七八糟的教室，看到学生凝聚在他身上的目光，一瞬间居然红了脸，手足无措起来，这样全班安静的时候，秦安之居然"扑哧"一声笑了出来，莫名其妙地引来了全班的哄堂大笑。

于是舒勃然说："那位同学，你叫什么？很会缓解气氛嘛，就当我的课代表吧。"话音一落，全班又笑了起来，每个人都知道秦安之的语文有多差，何老师在的时候，就当着全班同学的面对秦安之说："看起来挺恬静的小姑娘，怎么读书那么少，连中国话都一窍不通呢？"

秦安之没想到老师来的第一天便惹火上身，尴尬地坐在那羞红了脸，舒勃然突然强硬了起来，眉毛一挑，站上讲台望着下面所有人，"有什么好笑的？来给我解释下，就你，笑得最开心的那个，你先说。"

被点到的女生吓了一跳，全班都乖乖闭上了嘴。

舒勃然又笑了，"大家自习吧，只要待在学校，随便去哪里自习都行，我看楼下的合欢花开得很好看。对了，课代表跟我去办公室。"说完便站在门口等慢吞吞的秦安之，全班都欢呼了起来，这样随意的班主任还是第一次见。

秦安之也呼出了一口气，她不是乌鸦嘴，随之而来的，还有一种莫名的情绪。她紧紧跟在舒勃然的身后，看他花衬衫上的花纹，突然笑了，又拍了自己一下，心扑通扑通跳了起来，刚才她居然想，要是她画一种花做成衬衫，舒勃然穿着也一定好看。

2

成为舒勃然的课代表后，秦安之明显比以前受欢迎了许多。除了第一节课舒勃然上完课后在教室里陪他们聊天，之后连班务也不会怎么管，上完生动有意思的课，铃声一打瞬间便闪没了影。

她们再大胆也不好意思追到办公室问东问西。于是好多女生就围起了秦安之，"勃哥平时喜欢干什么啊？""勃哥最近有点儿反常，怎么一下课就跑了，到底怎么回事啊？"勃哥是他们给舒勃然起的外号，这样叫着亲切，舒勃然也同意这样，只是秦安之永远都叫他舒老师。南方的口音软软的，像黏糯米，又带着清甜。

她们像十万个为什么一样把秦安之围得水泄不通，秦安之不太喜欢热闹，脑子都快要炸了，情急之中大叫："你们放我去办公室找他问问啊。"

女生们瞬间欢呼了起来，秦安之溜之大吉。

彼时秦安之和舒勃然已经很熟络了，那天去了办公室，舒勃然在秦安之支支吾吾的话里听出来她语文薄弱，悄悄给她开了小灶，每天放学后半个小时，在办公室里，那时候没有老师，舒勃然觉得秦安之勤勤恳恳的模样，语文不应该会差，就带着她一点点看阅读的文章，问她看完的感受，没时间写，就让她说自己的答案，然后在纸上一笔一画写观点，秦安之的悟性其实很好，舒勃然惊喜地发现，她的每个想法都像初春的禾苗，荡漾着嫩绿的色彩，只是太胆怯了，需要有个人带着她走。

舒勃然便大声地表扬她，表扬得她自己都不好意思了，但确实也敢说了，有时候甚至会和舒勃然争辩。

他们之间像是君子之交，其淡如水。但有时候舒勃然累了，就带着秦安之一人一个耳机听歌。耳机线不长，密密麻麻连着秦安之的心事，秦安之的手心里满是汗意，有时候甚至需要屏住呼吸控制自己的心跳，免得舒勃然有所发觉以为她出了什么事，秦安之有时甚至会湿了眼眶。

她不知道自己在想什么，把握不好自己的心，从小到大除了闺密，再没有谁对她好了，父母都是打击教育主义者，她一直觉得自己这个不好那个也不好，一边想要表现自己，一边却总是大胆不起来。

直到他站出来，不准同学笑话自己，大声表扬自己，让自己的自信心膨胀得以为自己是闪闪发亮的钻石，关键是，他是从秦安之上学以来，见过的最受欢迎的老师。

秦安之看了一眼课表，自习课是能自由活动的，她推开门，正迎上了舒勃然的目光。

"有事吗？"舒勃然诧异地望着秦安之，眼睛里却荡漾着快乐。

"他们……"秦安之和舒勃然已经常常开玩笑了，"让我帮忙问你是否婚配，为什么都不留在教室里陪他们了。"前半句问题没人问，不知道为什么秦安之就是想知道。

舒勃然哈哈大笑了起来，"回答！未婚配，至今仍旧单身一人。"说着做了个别出声的手势，"不在教室很简单啊，我可不想每个人拿出一部手机不停地合照。我还是喜欢安安静静地待着。"

秦安之"扑哧"乐了，可是下一秒，她就悲催地看到，舒勃然修长的手指拉开抽屉，拿出了她平时用来写小说的本子，封面还被她假模假样画了个数学本的字样上去。秦安之语文不好却特别喜欢写字，她怕别人知道了会说难听的话，偷偷用这样的本子写，这样，无论何时别人凑到她身边，她都能大义凛然合上本子，扬一扬封壳，写作业呢。

骗得了别人，秦安之也坑了自己，早上真的把本子交给了老师，老师都给了舒勃然这个临时班主任。

看着秦安之涨得通红的脸，舒勃然笑了，"你换一个本子吧，这个我暂时收起来有用，反正最后一篇你已经写完了。"

秦安之准备走的时候，舒勃然又大声叫住她，"写得很棒！真的。"模样兴奋得像个小孩子。秦安之一路飞奔回教室，又跑去了洗手间，冰凉的水洗了好几遍心才稍稍安静了下来。

3

十月初，要举办校庆，学校里展开了一大堆比赛和活动，为了维持秩序，学校又规定，有活动的同学发一张证明，没有活动的同学体育课也改为在教室自习，因为学校要占用场地，一石激起千层浪，原本没热情的都跃跃欲试要报名。

舒勃然把秦安之叫去了办公室，"你什么都没报？"

"我不行的，留在教室看书也没什么。"秦安之慌慌张张地直摆手。

舒勃然叹了口气，"看来你爸妈真没给你取错名字，安之若素。喏，我帮你报名了，记得到时候去参加，你愿意的话，我陪你练？"

秦安之惊得差点儿坐到地上，画画、作文比赛好歹还不用露脸，舒勃然居然给她报了唱歌，秦安之一脸无奈地问舒勃然："我唱什么？《两只老虎》还是《字母歌》？"

舒勃然认真地想了想，"要不，给我唱首歌吧，你们何老师回来了，校庆那天我就走，带了几个月课连点儿纪念都没有。"

秦安之的心里一紧，生涩的水滴差点儿滴落下来。她犹豫了一下，心想反正舒勃然就要走了，不如豁出去一次："舒老师，你陪我练歌吧？"

舒勃然像是早就猜到了，爽朗地点头。秦安之终于允许自己大大方方地看他一次，一直凝神望着他好看的侧脸，想要把他的样子深深刻在心里，像一幅照片那样。直到舒勃然疑惑的眼神过来，秦安之才溜之大吉。

窗外的天好像一首温婉细腻的诗，好看的红色混合着蓝天，氤氲开美好的心思。

给老师的歌很少，秦安之找了很久，决定唱以前就很喜欢的BOBO的《光荣》，里面有她想对舒勃然说的话。舒勃然每天放学后在音乐教室陪她练歌，每唱一遍，秦安之的心就微微地颤动一下，像蹁跹的彩蝶。

可是她什么也不说，只想记住他很多的样子，等他走了，唯一的纪念就是她为他唱过一首歌。可是秦安之很满足，班里那群女生，没有一个有她那么幸运，她很努力地练歌，保护好自己的嗓子。

秦安之从未发觉自己的声音会吸引很多人，校庆的那一天，秦安之清清爽爽站在舞台上，声音不大，全场安静也显得声音温柔又响亮，秦安之一眼就看到舒勃然穿着第一次来时的衬衫，玉树临风，微微笑着望着她，眼睛亮亮的，告诉秦安之她可以的。于是她唱："感谢你给我的光荣，这个少年曾经多普通，是你让我把梦做到最巅峰。这是属于我们的光荣，这是送给你的欢乐颂，每一个你是我伟大的英雄。"

台下真的掌声雷鸣，秦安之觉得自己特别光荣。

校庆进行到一半的时候，舒勃然气喘吁吁地跑来找她，那是她第一次看到他迫不及待的样子，舒勃然拖着大大的行李箱，叫她去人比较少的地方。

没等她开口，舒勃然先把前段时间拿去的本子还给了她，又递给她一个皱巴巴的信封，兴奋地让她快点儿打开，秦安之接过厚实的信封，里面是本杂志，封面上有她的名字，彩色的封面在阳光下熠熠生辉。

4

舒勃然拗不过秦安之，用老师的身份带她出了校门，十一的假期里火车站人头攒动，秦安之很开心地想，舒勃然只有她一个人来送行。

秦安之在舒勃然要去检票的那一瞬间莫名地开口叫了一句："舒老师，我对你来说，是不是跟别的学生不一样？"看到舒勃然转头，狡黠地望着她笑，秦安之的脸一红，又飞快地补充："我是说……是说，我们算不算朋友，就是那样的特别。"秦安之急得掌握不好语言顺序了，检票口第二次传来了通知声。

舒勃然快走几步，转头问秦安之："难道不是吗？"

秦安之盯着舒勃然的背影远去，有种朱自清笔下《背影》里父亲的感觉，回过神有些失魂落魄，秦安之想起舒勃然第一次站在班里时不小心让她难堪又替他解围的模样、后来岁月安恬，带着她成长，让她展现在所有人面前的模样。

就像丑小鸭变成了白天鹅。秦安之有些失神地往回走，眼泪呼啦啦涌上来，却又流不出来，她还是判断不出对舒勃然的感情，他的每一个模样秦安之都想深深印刻在脑海，她叫他舒老师，就觉得自己和那些叫他外号的同学总归有那么一点儿不同。

秦安之蓦地想起以前和闺密的对话，秦安之说："谁说我胆小啦？认识的男生，喜欢他我就会立刻大胆说出来，哪怕只是喜欢一天。"

那时候秦安之不知道，之后会遇见一个人，对他的感情不能言说，不像青春里单纯的喜欢，又胜似喜欢，好像高于友情，又像她的导师，引领她让未来的路闪闪发亮。

秦安之想到这里，又破涕为笑，即便再也遇不见他，彼此还是在生命里留下了印记，是舒勃然，让她把梦做到了巅峰。